絶望から抜け出す心理学

心をひらくマインドフルネスな生き方

加藤諦三
Kato Taizo

PHP新書

まえがき

人生には、「どうしようもない」ことがある。

いわゆる「地獄」のような環境に生まれる人もいれば、「天国」に生まれる人もいるのだが、それは運命だというしかない。

しかし、「地獄」に生まれた人の中にも、「もう人生終わりだ」と絶望しているだけの人と、持って生まれた不幸な境遇を乗り越えようとする人がいる。

そのような二人の違いを生み出すものは何か。

この本では、その違いのありかを、「マインドフルネス」という「心の技術」に求め、幸せになるための視点の大切さについて書いてみた。

これから、「マインドフルネスな人」は、絶望的と思われる環境について、どう考え、どう対処するのかを述べていく。

これは、どうすれば絶望感に負けることなく、マインドフルネスに生きられるかを考える本である。

絶望から抜け出す心理学

心をひらくマインドフルネスな生き方

目次

第一章

マインドフルネスは幸せになるための心の技術

第二章

幸せの鍵は、ものの見方にある

第三章　「とらわれないアタマ」に作り変える

第一章

マインドフルネスは幸せになるための心の技術

簡単にはがせる接着剤という視点

ハーヴァード大学のエレン・ランガー教授は、失敗と成功について面白い事例を紹介している。

あるアメリカ企業が接着剤の開発に失敗した。

お金をかけて試作品を作ったが、簡単にはがれてしまうものになっていた。

しかし、この欠陥品から、「ポスト・イット」という大ヒット商品が生み出された。

大いに努力したが、目標としたものを生み出すことができなかったのだから、この開発はまさに失敗したのである。つまずいて転んだというようなケアレスミスでも、わき見運転をしていて事故を起こしたというようなボーンヘッドでもない。細心の注意を払って頑張った結果、失敗したのである。開発者たちの落胆は大きかったに違いない。

しかしこの企業は、「簡単にはがれる接着剤」を、「簡単にはがせる接着剤」という視点に置き換えることができた。目の前の現実の中にあるメリットを発見して、失敗を成功につなげたのである。

モーレツ会社員を生み出すもの

有名大学から大企業に入り、エリート・コースから外れることなく生きてきた人が、高齢者になってからうつ病になった場合、それは成功した人生なのか、失敗した人生なのか。

逆にエリート・コースとは関係のなかった人が、経済的には豊かとはいえないが、高齢者になってからも家族と仲良く生きている場合はどうか、それは成功した人生なのか、失敗した人生なのか。

Success in business, failure in relationship. 日本語では「ビジネスでの成功、人間関係での失敗」ということになるが、往々にして人々が、本来の自分を裏切ってまで必死で努力して成功しようとするのはなぜなのだろうか。

一言でいえばそれは、「自分は愛されるに値しない人間であるという絶望感を避けるため」である。

「仕事で成功し人間関係で失敗する人」はこのような気持ちを避けようとしているのだ。耐えがたい感情を避けたい。仕事で実績をあげれば、周りの人から称賛され、自分に対する絶望感からは離れていられる。それがかつての「モーレツ・サラリーマン」のメンタリティである。「モーレツ・サラリーマン」という言葉は、現代の令和の世では使われなくなったが、昔よりもはるかにうつ病患者が増加しているのを見ると、現実はむしろ悪化しているのかもしれない。

日本では社会的に成功した人が、私的生活で破綻しているケースは珍しくはない。フロイトは、「権威への努力 striving はナルシシズム的傾向の表現である」と考えた。[1]

私もその通りであると思っている。権威を得ることで、自分のナルシシズムを満たそうとしているのである。

だから、権威を得ようと無理をして頑張ってエリート・コースに乗って、その後うつ病になるような人たちは、ナルシシストであることが多い。また、同じように頑張ったけれども挫折して、僻《ひが》んでしまった人たちもナルシシストであることが多い。この人たちの人生は成功なのか、失敗なのか。

先にポスト・イットを例として、「視点を変えれば、失敗も成功である」ということを考えた。無理して頑張ってエリート・コースに乗っている人は、その逆で、「視点を変えれば、成功も失敗である」ということになるかもしれない。

つまるところ、成功とか失敗とかは視点の問題なのである。成功や失敗に見える現実を、その人の人生全体の中でどう理解するかの問題なのである。

自分の人生を長い目で見るか、その時々の瞬間の目で見るかの違いである。自分の人生を流れとして見る視点の人と、その期間だけで見る人とでは、同じ事実の受け止め方は全く別になる。

人魚姫が不幸になった理由

弱点（weak point）と長所（strong point）も同じことがいえる。

フランクルは、「ゲーテが『元来われわれには長所となり得ぬような弱点も、弱点にならぬような長所もない』と言った」ことに賛同している。[2]

アンデルセンの童話の人魚姫の不幸は、王子さまを好きになって、人間になりたくなり、魔女に「足をください」といったところから始まる。自分でないものになろうとしたのである。

この人魚姫が、無理をするエリート・ビジネスパーソンである。人魚姫の「王子さまを好きになった」という気持ちは、ビジネスパーソンの「成功したくなった」という心理と同じである。

そして人魚姫は魔女に足を求めた。それはビジネスパーソンが自分に社会的成功を求めたのと同じである。

人魚姫は、求めていた足を得たが、最後は不幸になった。「仕事で成功、人間関係で失敗」したビジネスパーソンも、成功して不幸になった。

本来の自分ではない自分になって社会的には成功して、その結果、不幸になった人のなんと多いことか。

人生に対する視点の重要さは、何度繰り返しても、強調しすぎることはない。

もしあなたが幸せになりたいなら、社会的に成功する努力をしているか、していないかではなく、マインドフルネスかマインドレスか、それを絶えず自分に問いかけることである。

自分が何か得意になっている時に、自分の視点に注意することである。

逆に自分が何か失意の時に、自分の視点に注意することである。

成功とは自分の心が成長し続けること

人生の成功者と失敗者があるとしたら、どこで見分けるのか。

「ありがとう」といって死んでいく人が人生の成功者か。

人を恨《うら》んで死んでいく人が人生の失敗者か。

安らかに死ぬためには、自分の人生に納得していることが少なくとも必要だろう。だから、安らかな顔をして死んでいったかどうかというのは、一つのいい視点なのかもしれない。


失敗を怖れて何もできない人は、「成功とは何か」ということを自分の中でしっかりと理解できていない。同時に、自分が本当に欲しいものがわかっていない。だから、生き方が定まらないのである。

心理学者のシーベリーは、「自分を見いだした者は恐れを知らない」、また、「何をすべきかわかっている時、我々は気楽にしている」という。さらにこういう。

松の木はその枝を伸ばそうとします。樫の木と張り合おうとしているわけではない。自分の歌を歌う詩人になりなさい。自分の色を持った画家になりなさい。自分自身であることの権利を信じつつ、敢えて目標を定め意図を明確にするならば、人生を心配ごとで曇らせるようなことはないでしょう。

人生には貴方本来の資質に反するような義務はないのです。貴方があると思い込んでいるだけなのです。もし自分自身であり得ないのなら悪魔になった方がましだ。[3]

成功とは自分の心が成長し続けることであると、シーベリーはいいたいのであろう。そのように理解すれば、今までとは違った視点から人生を見ることができるからである。

自分はあの失敗の体験で成長したとわかれば、そのときの失敗は視点を変えれば失敗ではなくなる。そして失敗を怖れることなく、自分の人生を生き始めることができる。

成功した人生とは、自分の運命にふさわしい生き方をすることである。自分の潜在的能力を実現し続けることである。自己実現し続けることである。結果ではない。

年をとって「体力が落ちた」と結果を嘆くよりも、自分の運命を成就《じょうじゅ》しつつあると考えればよい。死に向かって成長していると考えればよい。人生の終末に向けて、潜在的能力を実現し続けるのである。

マインドフルネスで生きれば絶望しない

ある内科医のフィアンセとなった女性は常々、「私は医者としか結婚しないつもりである」といっていた。だから彼女は、医者と結婚できなかった場合には絶望するだろう。この絶望感はどうすることもできないだろうか。

心理学者のダニエル・ゴールマンはその著書の中で、「マインドフルネスが自分の感情をマネイジすることを助ける」と書いている。[4]

マインドフルネスとは、多面的な視点で物事を見ることである。

シーベリーのいうことも、エレン・ランガー教授のいうことも、言葉は違うが同じ意味である。

自分の注意が今どこにいっているかに気がつくことで、違った視点から事実を見ることにつながり、そしてマインドフルネスになれる。

この多面的な視点が、心の癒《いや》しの基《もと》になる。この心の癒しこそ、肉体的癒しにも通じる。多面的な視点が、心身の健康につながる。

医者と結婚することだけが成功した人生と思っている人も、エリートコースを歩むことだけが成功した人生と思っている人も同じである。両者ともに一面的視点にとらわれている。悩んでいる人は本当に驚くほど心を閉ざしたマインドレスネスの状態を身つけてしまっている。劣等感の深刻な人は、その視点でしかものを見られなくなっているのである。

一面的視点にとらわれ、自分の潜在的能力を抑制してしまった人は、人生において多くのものを失ってしまうとエレン・ランガー教授はいう。その通りである。

偏差値が低いから自分は駄目な人間だと思っている受験生も、自分がいかにマインドレスネスな人であるかに気がついたほうがよい。

「こうでなければならない」と思い込むな

自分の人生は失敗の連続であったと劣等感を持ち、不幸な人がいる。しかし、失敗の連続という事実によって不幸なのではない。とらわれた心でなされた失敗という事実の解釈によって不幸になっているのである。

自分の過去が輝かしい成功に満ちていないからと自信を持てない人は、人生を見る視点の少ない人である。過去にとらわれて未来を見失っているのである。ケチな生き方になっているといってもいい。過去を取り返そうとするから、気持ちが安らぐことがない。

そして今の視点にしがみつくのをやめれば悩まないで生きられるのに、視点を変えられない。次から次へと悩みを作り出しているのは、まさに自分自身の視点なのだということには気づかずに、悩み続ける毎日を送っている。

私は半世紀以上にわたってラジオで「テレフォン人生相談」をしてきたが、こうして悩んでいる人がいかに多いかにいつも驚いている。

自分の視点からしか考えられずに、一人で辛い思いをしているのである。またこういう人は、「人間はかくあるべし」というような硬直性を持っていて、いろいろな生き方によさがあるということをわかっていない。

たとえば、何ごとにも「ハイ、ハイ」と従わないと、わめいたり威圧的に振る舞うような親を持ってしまった子どもは、心のどこかで人間の親子関係とはそういうものだと思い込んで成長するだろう。そして大人になっても「何ごとにも従順に賛成」することでその場の人間関係を保とうとする。

したがって人間関係のもつれに対して、私が「こうしたらいい」と提案しても、それを実行しようとしない。そして一生、間違った行動をとり続けるのであろう。

こうなっては、悩むために努力して、無理して、犠牲を払っているのだといわれても仕方がないだろう。

「こうでなければならない」などということはこの人生にほとんどない。

大切なのは自分が今どのような視点から物事を見ているかを理解することである。古い視点は心の手錠である。

初めのうちは、「喧嘩」というレッテルが貼られた行為には、いくつもの解釈が可能だったかもしれない。だが、いったん喧嘩として記憶に蓄積されると、それが再カテゴリー化されることはあまりない[5]。

とエレン・ランガー教授はいう。

喧嘩に至るような不快な感情をコントロールする能力とは、まさにマインドフルネスである。それは、今の不快な体験を違った視点から見る能力である。

多くの視点を持つことの効用

ここまで述べてきたようにマインドフルネスとは多くの視点を持つことであり、新しい情報を積極的に受け入れることである。自分に都合のいいことしか受け入れないような、偏見のあるパーソナリティーのことではない。

多面的視点から物事を認識できれば、批判をされた時でも怒り心頭に発するということがない。また逆に極端に落ち込むということもない。

ナポレオンがロシアを征服しようとしていた時のことである。ナポレオンが取りつかれていた唯一の目標――モスクワ――にようやくたどり着いた頃には、征服する相手など一人もいなかった。誰もが逃げ出したあとだったのである。

私が大学生の頃、大蔵省（現在の財務省）に入ることしか考えていないといっていた男がいた。それ以外は考えられないといっていた。

自分が取りつかれている唯一の目標、それを別の視点から見られる人がマインドフルネスな人である。

シーベリーは「注意に注意せよ」といっている。

マインドフルネスである。一つの視点からしか物事を見ているのではない。

マインドフルネスな人は、自分が何に注意をしているか、気がついている。悲観主義になっているときには、マイナスのことに注意がいっている。

多面的視点からはこうもいえる。

喧嘩はコミュニケーションである。心がふれあっているから喧嘩になることもある。心がふれあっているから本当のことがいえるのである。本当のことをいったから喧嘩になってしまった。喧嘩がないということはお互いに本当のことをいっていないということである。

このように、喧嘩ということは、視点によっては対立ともとれるし、別の視点からすれば心のふれあいともとれる。

ある体験をして、しまったと思った。だから失敗というレッテルを貼った。そうするとマインドレスの人はそれにとらわれてしまう。失敗も喧嘩と同じようにいろいろと解釈をすることはできるはずなのだが、それができなくなる。

失敗を怖れる人は、最初に張り付けたレッテルにこだわって違う視点から見ようとせず、失敗を再レッテル化してとらえ直そうとしない。それで失われるものが余りにも大きいことに気づかない。

スランプは次のステップへの過程である

誰にでもスランプはある。作家にも、スポーツマンにもスランプはある。長い生活の中に誰にでもスランプがあるときがある。

スランプの辛さを次のステップへの過程だと捉える人は、逆境に強い人である。スランプの時でも、逆境に強い人はその日その日にやることを続ける。スランプは過程だと思っているから落ち込まない。

病気に対する考え方にも同じことがいえる。誰でも病気になる。誰にでも病気は辛い。「病気になった」と大騒ぎし、自分一人が不運に見舞われたかのように苦しむ人がいる。しかし同時に、自分一人が病気になったのではないし、人間は誰だって病気になると考える人もいる。どちらが病気に苦しむだろうか。より苦しむのは、自分だけが病気になって苦しんでいると思う人である。

随筆家は小説家ではないし、小説家は随筆家ではない。同じく文章を書くことを職業としている著述業の人でさえも、うまく書ける形体と書けない形体がある。だから「小説が書けない」といって自分は他の種類のものも書けないと思わないことである。どうも文章を書くことが不得意だという人の話を聞いていると「全ての種類の文章が書けない」と錯覚しているようなのである。小説には向いていなくても、エッセイにも向いていないわけではない。

経験の浅い新聞記者で「私は文章が書けないから記者に向いていない」と悩んでいる人に相談を受けるときがある。「言われたとおりの文章が書けない」と自覚するのはいいが、「文章が書けない」と悩む必要はない。せいぜい「このデスクと一緒には書けない」、あるいは「この新聞社では書けない」ということである。自分の興味に従って取材をして書いてはじめていいものが書ける。しかしもしこのようなことを聞いてきてくれとあらかじめ決められている場合には、取材をしても書けない場合もある。そんなときに新聞記者の中には「自分は書けない」と落ち込む様な人がいるようである。それが書けるようになってこそプロなのかもしれないが、はじめからプロでなくても仕方ない。

新聞記者でも私が見る限り、書けない人にはゆがんだ価値観がある。自分が書けるものを書こうとしないで、書けないものを書こうとする。学芸部にいながら社会部の記事を書きたがるような人である。自分が書けるものが自分にとって最善の文章であるということが理解できていない人である。自分が書けるようなものを書いていて、落ちついた先が自分の適所なのである。ところがそういう人は新聞社なら、たとえば社会部がいいとか、政治部がいいとかいうゆがんだ価値観がある。現実の自分を無視して、まず先に「こういう記事を書く記者になりたい」というゆがんだ価値観がある。でっちあげの記事を書くような記者はたいていこのゆがんだ価値観を持っている。ゆがんだ価値観を持っていなければでっちあげの記事を書く必要がない。

人の行動の意図を考えるようにする

とかく人のことをカテゴリー化して見ている人がいるが、そういう癖は自分を幸福から遠ざけるからやめたほうがよい。

どういうことかというと、たとえばある人が、高校を卒業して著述業になろうと決心し、原稿を書き出した。なかなか出版社は出版してくれない。でもアルバイトをしながら原稿を書き続けている。

この人は、自分の人生を主体的に生きている。しかし周りの人々は、大学に行っておらず、就職もしていない彼を「浪人」というカテゴリーでしか見ないだろう。

「お金持ち」というカテゴリーもある。人はお金持ちを見ると、どのぐらいお金を持っているかしか見ていない。そのお金持ちが何を捨てて、お金を得たかを考えない。その人が捨てたものを見るか、持っているものを見るかで、その人はまるで違って見えるのだが。

笑っている人を見て、努力しない人が羨《うらや》ましがる。

笑っている人も、人の知らないところで、必死になって努力しているのである。

努力しない人は、皆も自分と同じように努力していないと思うから、笑っている人を見て、「あの人はいいいなー」と羨ましがる。

エレン・ランガー教授の講演会での言葉である。

どんな行動にも意味があるという事を考えていけば、自分にとってマイナスにうつるような行動でも、その人が本当に意図していることはいったい何であるかという事を考えてみて下さい。

そうすれば、その人の行動に対し別の解釈ができ、その人に対するマイナスの気持ち、否定的な気持ちというのが消えていくように思います。マイナスにうつるような行動は一つの警告信号になります。

人生に行きづまったように感じる時にあなたは、古い世界の出口にいる、同時に新しい世界の入り口にいる。

古い世界の自分に固執して、依存症、ドメスティック・バイオレンス、サディズムなどになるか、視点を変えて視野を広げ、意識領域の拡大をはかり、新しい世界に入るかの岐路にいるのである。

楽しそうにしていない成功者の内面

恥ずかしがり屋の人はだいたいの場合において、失敗を恐れている。なぜなら、失敗することで、自分の自我価値が剝奪《はくだつ》されると思うからである。自我価値が安定している人は、自分の力が試される機会を恐れない。

たとえば、意識では誇大な自我のイメージを持ちながら、無意識では深刻な自己蔑視があるとする。そういう人は自分の力が試される機会を無意識に恐れる。恥ずかしがり屋の人が失敗を恐れる一つの理由は、失敗によって自らのナルシシズムが傷つくからである。

失敗すれば自らのナルシシズムが傷つき、自己陶酔できなくなる。そこで失敗によって自分の全存在が脅迫されているようにさえ感じる。失敗することで、「自分は凄い人なのだ」というこけおどしを他人に見破られると思うからである。「偉大な私」というイメージが、壊れるからである。

アメリカのある心理学の教科書に次のような文章が載っている。[6]

> 私たちが最も自己実現できるのは、自分に自信がある時である。自我価値の剝奪に怯《おび》えていない時である。
>
> 自己実現できなければ、真の自信は持てない。しかし真の自信がなければ自己実現できない。[7]

社会的に成功しているのだけれども、何かいつもイライラしている人がいる。世界有数のお金持ちが、楽しそうな顔をしていないどころか、憂うつそうにしている。彼が笑った顔を見たことがないといわれていたりする。

あるいは権力の頂点に達しているのだけれども、アルコール依存症の人もいる。王様になって、アルコール依存症になる人もいる。

このような人たちを、マズローのいう「疑似自己」[8]で生きている人という。本人自らの成長願望がない人である。

「疑似自己」で生きている人とは、成長しようとする意欲や自己肯定感情を失った人である。彼らは本来の自己とは違った人間になることを強制されて生きてきた人である。それは本来の自分を断念した神経症者である。

彼らも自分でない自分になろうとしたところから不幸が始まった。

真面目な若者はなぜ大事件を起こしたか

社会的事件を起こした若者について聞かれた知り合いは、「世の中に二人といないくらい真面目な人」とか「信じられないくらい真面目な人」と答える。人々は彼らを「模範的な若者」と解釈していたのである。

私たちは「真面目な行動」という視点に「とらわれて」いるが、しかし別の視点から見れば「心を閉ざしたかたくなな性格の人」[9]だったのかもしれない。

こういう性格について「社会性と生産性を欠いた性格」[10]とも表現できる。これはフロイトのいう「肛門性格」の頑固さを表している。

真面目な行動という一つの基準がすべての判断基準になっている。多面的視点が全くない。このように一つの基準で人を分類することを、エレン・ランガー教授はマインドレスネスといっている。

真面目さが売りの人にも、真面目さだけでは状況の変化について行けなくなる時が来る。社会的に成功しているのだけれども、何かいつもイライラしているような人もそうである。社会的成功だけでは状況の変化について行けなくなる。

その時に「防衛の瓦解」[11]が起きる。それが社会的事件を起こす時であり、うつ病になる時であり、人生に燃え尽きる時であり、アルコール依存症になる時である。

「疑似自己」で生きている彼らは、心の葛藤を真面目とか社会的成功ということで抑えてきている。とにかく社会的成功とか真面目さで現実を乗り切ろうとしている。

心をみれば、彼らが不安と恐怖の中に閉じこめられていたことはわかるはずである。

彼らはこの「不安と恐怖」を社会的成功とか真面目さで乗り切ろうとしていた。しかしその乗り越えに失敗した。

「信じられないくらい真面目な人」である時も、反対に犯罪に走っている時も、「行動」は違っても「心」は同じである。心の中は同じ「不安と恐怖」である。

メディアはたとえば「中学三年の時に生活が一変した」というようなことを報道するが、一変したのは行動であって、心は変わっていない。もし心が変わっていれば、犯罪に走ることなく現実を乗り越えられた。

行動が違うと心も違うと思うのは間違いである。人は同じ心で正反対の行動をする。

主体的に生きていない悲劇

会社で仕事に失敗して自殺するエリートビジネスマンは、自分をエリートとしかイメージできていないのである。視点が極度に少ないし偏っている。

有名大学の入学試験に落ちて自殺する若者も同じであろう。自分を「優秀な若者」としてしかイメージできていないのである。その視点からしか物事を見ていない。

だからそのイメージが危険にさらされたときには生きていけない。

スポーツの選手などでも同じことである。自分をある種目の選手としてしかイメージしないとそのスポーツができなくなったときに自殺する人さえ出てくる。

夫の浮気で苦しんでいる妻が、「主人も二十年間は真面目にやってきてくれたのだから、いつか目を覚ましてくれると信じています」という。ところがその真面目というのは「会社を休まない」ということである。どのような心で働いていたかは考えていない。

真面目に努力しながら挫折する人は、小さい頃から従順に生きてきた。自分の意志で何かをしてこなかった。自分の意志で動いていないので、体験から何も学ばなかった。

自分はネコなのに、親から「トラが立派だ」といわれた。そこでトラのぬいぐるみを着てトラのように歩かなければならないと思った。

こういう人が、「苦しい」と心の中で叫ぶのは当たり前である。親の価値観で生きているのであり、自分の意志で生きているのではない。自分の視点がない。したがって、変化する状況に対応する知恵がない。そのうちに意志そのものがなくなってしまった。

それは自分が、実際の自分を拒否してしまった状態である。悩みの原因は、自分が自分自身ではなくなったからである。

シーベリーは、「自分自身であり得ないなら悪魔になった方がよい」といっている。

安全第一で、どうしたら傷つかないかということばかりを考えていて、自分の能力を使う喜びの体験がない。拒絶されることを恐れて自己主張できない。

「疑似自己」に安住することの怖さ

マズローのいう「疑似自己」は、カレン・ホルナイのいう「真の自己」real self の反対である。それは真の自己の喪失である。

ジョージ・ウエインバーグの言葉を使えば、「自己喪失」であろう。またそれは自我分裂の状態でもある。

「疑似自己」で生きることに安住している人は多い。

「あたかも自己喪失の状態にのみ安住の地があるかのように[12]」生きている。いつもイライラしながらも社会的地位にしがみつくことで、絶望感を大きくするだけである。

「行動」という視点で見るのと、「心」という視点で見るのとでは、同じ人が全く違って見えるのである。

ある中途半端なエリートビジネスマンが、深刻な劣等感に悩んでいた。常に超エリートと自分を比較して生きてきたからである。彼は権威主義的な父親に、非現実的に高い期待をかけられていた。そして何とかエリートコースから完全には落ちこぼれないで、生きてきた。模範的生徒、模範的ビジネスパーソンで生きてきた。

しかし疑似自己で、いつも胃の調子が悪くて不眠症に悩まされていた。まさに「心身の不調」に苦しんでいた。その彼があるとき、生き生きとして見違えるように元気になった。不眠症も治ったという。「心身の不調」も治ったという。

なぜか？　それはある人のアドヴァイスによって、自分の人生を見る視点が変わったからである。

彼はそれまでは自分の人生を、社会的成功への道という視点で捉えていた。その視点から超エリートと比べると、学歴も会社も見劣りした。そして会社からの留学先も世界の有名大学ではない。彼の履歴は全て中途半端であった。そして常に親から超エリートと比較され、必死で頑張っていた。その結果、深刻な劣等感からいつも「心身の不調」に悩まされていた。

ところが彼は自分の人生を、成功への道と捉えるのではなく、「親からの自立」という視点で捉え直す機会を得た。彼の気持ちは一変した。彼にとってはまさにコペルニクス的転回であった。

「親からの自立」という視点から見ると、「自分はよくやった」という気がしたのである。そしてまさに親との戦いがこれまでの自分の人生であったと納得した。

自分の人生の本質は親との苦闘であって、表に表れているのはその現象であることに気がついた。自分は表に表れている現象に一喜一憂していたことに気がついた。自分の人生を成功への道と捉えていたのは、親の期待を内面化したからであったと気がついた。

これまでは、権威主義的な父親の目に成功者と映ることが大切だった。だから、小さな失敗にも絶望した。一度失敗するとその失敗の事ばかり考えて、父親からもっと失望されることを怖れた。

彼は自分の人生は、父親との苦闘だったとわかった。相談した人から教えられた「自らの運命を成就するための人生」という視点に立ったときに、自分と他人の見方が変わった。自分が、比較して劣等感をもっていた人々が自分の比較対象でなくなった。

視点を変えれば、今まで見えなかったものが見えてくる。

その結果、深刻な劣等感から解放され、生産的なエネルギーが解放された。体調不良の一つである偏頭痛もとれて前向きになった。「心身の不調」も治った。

自己喪失の態度は、絶望感を大きくするだけでなく、たとえあなたが努力していても、その効果がなくなります。[13]

彼は、今まで自分の人生を「社会的成功への道」と捉えていたのは、自己喪失の歴史でしかなかったと気がついた。人生を見る視点を変えたことで、人と比較しない自分固有の人生に気がついた。

「人と自分を比較するな」と多くの人がいう。「他人は他人、自分は自分」と多くの人がいう。しかしいくら自分に「他人は他人、自分は自分」といいきかせても、心の底では納得していない。

しかし自分の人生を見る視点が変われば、自然とそう思えるようになる。視点が変われば、見えないものが見えてくるからである。

うつ病になる成功者の共通点

成功への道は、別の視点に立てば敗北への道にもなる。それは個人の歴史でも、国の関係でも同じである。

ナポレオンにとってモスクワへの道は、勝利への道であった。

人は、「こうあってほしい」という願望が強すぎると、他のことは考えられなくなる。そして努力の方向を間違えるのである。

一方、ナポレオンを迎え撃ったクトゥーゾフ将軍の視点からすれば、それは敗北への道であった。

ナポレオンがロシアに侵攻した際、世界の目には彼は素晴らしい征服者と映っていた。それでもあえてロシアという巨人に攻め入ることで、彼は自らの軍才を証明しようとしていた。だが、誇り高き軍旗と紋章の陰に、彼は危険な心を抱えていた。どれほどの人命が犠牲になろうとも、ロシアを倒すという決意である。

トルストイが『戦争と平和』の中で描いているが、ナポレオンには他の選択肢など必要なかった。自らの決意がすべてだったのである。

そのナポレオンに対したのがクトゥーゾフ将軍だった。重要な行事の席でも居眠りをしてしまうような、ウォッカ好きの老兵だった。クトゥーゾフに勝ち目はなく、一方的な戦いになるだろうというのが、世間の見立てだった。

ナポレオン軍が前進するたびに、クトゥーゾフは後退を重ねた。ナポレオンがロシア深くまで前進を続けた結果、補給線が長大になってしまっていた。そこに、クトゥーゾフがにらんだ通りに、強力な味方が現れた。ロシアの冬である。ナポレオン軍が戦う相手は、寒さと風と雪と氷になったのだ。

ナポレオンが取りつかれていた唯一の目標――モスクワ――にようやくたどり着いた頃には、征服する相手など一人もいなかった。誰もが逃げ出したあとだったのである。ロシア軍は自ら火を放ち、焼け跡となった聖都に、侵略者を迎え入れた。ここでもクトゥーゾフは見せかけの敗者を演じたのである。[14]

私たちもナポレオンと同じ過ちを日常的に犯している。たとえば名誉の強迫的追求者となるような時である。名誉というものしか目に入らなくなっているときには、モスクワ到達に固執したナポレオンと同じ心境になっている。

　間違った努力を重ねて名誉を得たとしても、ナポレオンがモスクワに到着したときと同じであろう。そこにあるのは「ロシアの冬」である。ビジネスパーソンの場合なら、「昇進うつ病」である。

　強迫的に名誉を追求した者が名誉を得たときに味わうのが「ロシアの冬」である。役員にまで上り詰めて、定年後にうつ病になるような人である。エリートコースで生きるエネルギーを消耗して「内なる力」を獲得していない。

　フランス軍が寒さ、風、雪、氷との悪戦苦闘におちいったのと同じように、エリートビジネスマンも成功して悪戦苦闘する。趣味もないし心のふれあう友人もいない。

　ナポレオンの敗走イコール、ビジネスマンの昇進うつ病である。あるいは霞ヶ関のエリート官僚の自殺である。

　昇進した結果、その責任と仕事が重荷になって挫折する。あるいは成功すれば心の葛藤は解決するかと思っていたが、成功してみたら心の葛藤は深刻になっていた。

　つまりもっと気持ちが落ち込んだり、前よりもいつもイライラしたり、さらにどうしようもなく憂うつになったり、わけもなく不愉快なことが多くなったというようなことである。いわゆる成功者のうつ病である。

「ロシアを倒す」という決意をしたナポレオンも、「この会社で出世する」という決意をしたビジネスパーソンも、それがいかに危険なことであるかに気づいていなかった。今、自分のしていることを、別の視点から見ることができなかった。

クトゥーゾフに「ロシアの冬」という強い味方が見えたように、成功と失敗を人生全体の中で考えることができるのが、エレン・ランガー教授のいう「マインドフルネス」である。

「今の生活のほうがいい」と思える人は成功者

劣等感はマインドレスネスになり、向上心はマインドフルネスになる。

マインドレスネスは、自己イメージをおとしめ、選択肢を狭《せば》め、独りよがりな心構えをもたらす。このようにして、私たちは自らの可能性を浪費する。[15]

不愉快な気持ちをマインドフルネスで解決した例をもう一つ挙げてみる。視点を変えるということの心への影響を考えるためである。

有名な『7つの習慣』という本に、著者の次のような体験が、ミニ・パラダイム・シフトとして紹介されていた。パラダイム・シフトとは視点を変えることである。[16]

著者は、日曜日の午前中にニューヨークの地下鉄に乗っていた。それまでは乗客はそれぞれ静かに座っていた。新聞を読んだり、物思いにふけったり、目を閉じて休息したりしていた。

そこに突然親子が乗ってきた。子どもは騒ぎ回っている。雰囲気が変わった。皆は苛立《いらだ》つ。著者も苛立ち、ついに、もうすこし子どもを静かにさせるようにその父親にいった。するとその父親が謝りながら、今病院でこの子の母親が一時間前に死に、「私はどう考えていいかわからない、子どもも同じようにどうしたらいいかわからないのだろう」といった。

その瞬間、パラダイム・シフトが起きた。著者は、物事を違った視点で見るようになった。態度が執着から非執着に変わったのである。

この例からも、パラダイム・シフトして、多面的な視点で世界を見ることの重要性がわかる。視点を増やすといってもいい。

神経症の治らない人は、既存の人間関係を変えることができない人である。

神経症になるような人は、新しい考えで新天地を開くことができない。新しい考えで、つまり新しい視点で自分の人生を見ることが新天地を開くことであり、自分自身になることであり、個性を伸ばすこと、「内なる力」が伸びることであり、それが幸せになる方法である。

伸びるということは、発想を変えるということである。発想を変えるとは、ものを見る視点を変えることである。それで心の位置が変わってくる。ものを見る視点が変わってくれば周囲のものはみな違って見えてくる。そこに安らぎがあれば、もう元には戻らない。いや元に戻れない。自分の人間性に気がつけば元に戻る人はいない。

たとえば離婚したり、会社をやめたり、親元を離れたりして、貧しくなった人がいる。いずれも社会的な視点だけから見れば失敗である。

でも「貧しくても今の生活のほうがいい」といっている人はたくさんいる。社会的な視点から見れば失敗であるが、「自分自身の人生を生きる」という視点から見れば、この人は成功である。

苦しい時、不愉快な時、それを自分の心理的成長の過程と見るか、視点を変えないままで今の苦しみにとらわれるかで、人生の過酷さは違ってくる。

これこそが絶望感を乗り越えられる人と、絶望感に押しつぶされる人の違いである。

「自分の人生は終わりだ」と絶望して立ち上がれない人と、立ち上がれる人の違いは、視点を変えられるか、変えられないかである。

マインドフルネスは人生のトラブルを減らす

視点を変えるためには、自分に対する古い、限定的なイメージを捨てることである。

一つのことだけに自己のイメージを限定すると、個人も企業も危機的なほどもろくなる。

たとえば主婦の場合は、自分のすることのすべてを狭く定めているかもしれない。人と会ったときの自己紹介は「誰々の妻です」とし、「夫の家」を切り盛りし、自分の服には「夫が好きそうな」ものを買い、夫のために食事を作っている女性と自分を見ている。この厳格な役割に満足なのかもしれないが、夫が荷物をまとめて出て行くことになったら、どうなるのだろう。ルールが変わっても、うまくやっていけるのだろうか。

どの「主婦」にも、ほかに多くの役割がある。娘であり、姉であり、妹であり、友人であり、大工であり、アマチュア画家であり、といった具合だ。
そういった区別をマインドフルに自覚することで、何かを失っても傷つかないようになる。自分自身の定義を以上の役割すべてに、もしくはそのいくつかに広げられれば、夫に何かあったとしても、自分の人生を続けていけるのだ。[17]
会社で仕事に失敗して自殺するエリートビジネスマンは、自分をエリートとしかイメージできていないのである。[18]
視点を増やすということは、「耐えがたい状況を変える方法のひとつでもある」。視点が少なければ少ないほど人生のトラブルは多い。
ハーヴァード大学のエレン・ランガー教授のいう、「マインドフルネスであるということ」は、さまざまなものの見方が数限りなく存在するということを、常に認識している心の状態だといってよい。
先に、気がついてマインドフルネスになった例を挙げたが、そんなことがいつも起きるわけはない。かといって、「マインドフルネスになろう」と思って、その瞬間からマインドフルネスになれるわけでもない。心がけて毎日毎日、何回も何回も繰り返す中で、少しずつマインドフルネスになっていく。

マインドフルネスとかマインドレスネスとかいうのは、事実の解釈の仕方のことともいえる。

有名大学の入学試験に落ちて自殺した若者は、自分を「優秀な受験生」としてしかイメージできていなかったのである。だからそのイメージが崩壊の危機にさらされたときに生きていけなくなったのだ。

スポーツの選手などでも同じことである。自分をある種目の選手としてしかイメージしないと、そのスポーツができなくなったときに自殺する人さえ出てくる。あるいは自棄になって薬物に溺れる人も出てくる。

マインドレスネスの特徴が、古いカテゴリーへの固執だとすれば、マインドフルネスの特徴は、絶えず新しいカテゴリーを創造するところにあるとエレン・ランガー教授はいう。

古いカテゴリーへの固執とは、ステレオタイプの見方をすることである。子どもについて自分の硬直した見方を変えない親がいる。人生について自分の硬直した見方を変えないビジネスパーソンがいる。新しい情報に対して、心が開かれていないのである。

マインドフルネスの人は物事の過程を重視する

マインドレスネスは結果を重視する。それに対して、マインドフルネスは過程重視である。

子どもが不登校になった時に、過程を重視する親は、「なぜこの子は不登校になったのか？」と考える。すると、この子の不登校はどう見えてくるか。わが家が抱えている問題を目に見える形で表現してくれたのが子どもの不登校という解釈になる。そして「今、気がついてよかった」と思う。

マインドレスネスな人は、今の不愉快な気持ちにとらわれてしまう。マインドレスネスな親は、子どもを見るときでも、たとえば不登校になったという結果だけを見る。マインドレスネスな親は「なぜこの子は不登校になったのか？」という過程を考えない。子どもが「学校に行きたくない」というと、大変なことが起きたと思ってしまう。

「起きたことは全てよいこと」と、あるマインドフルネスの人はいった。それを聞いた時には「それはいい過ぎだ」と思ったが、そういうことが視点を変えるということだろう。不愉快なことは、楽しい人生への過程とみる。今気がついてよかったと思う。マインドレスネスだから今の不愉快な気持ちにとらわれてしまうのである。

良い子、
視点を変えると、
不安な子。怯えて生きている子。

よく手伝う子、
視点を変えると、
寂しい子。親に認めてもらいたい子。親の関心が欲しい。

子煩悩《こぼんのう》な父親、
視点を変えると、
ノイローゼの父親。

視点を変えられないから親子のトラブルがある。自分の図式にあわせて子どもを見る。

従順な良い子、
視点を変えると、
自発性のない子。自分の考えをいわないい子。感情が貧困化した子。
感情が貧困化すると衝動的な行動に出る。

模範的な生徒、
視点を変えると、
一人の人間として一生懸命ではなかった。真面目ではなかった。

騒ぎ立てる子、
視点を変えると、
自分を表現できる子。

礼儀正しい子、
視点を変えると、
敵意が発散されないために、あらかじめの配慮をしている防衛的な子。
礼儀正しさの裏には、隠されている他者への攻撃性、敵意がある。
周囲の人と「うまくやっていく」ために、自分の意志と感情を殺した。
その隠された怒りは高齢期に、自分では理解できない体の不調となって現れる。

自分の価値観を反省できるか

ある教師は自己主張の激しい生徒をプラスに評価する。確かに人のいいなりになって自己主張できない生徒を見ると、そのような評価をする教師がいても不思議ではない。

しかし自己主張の激しい人は、別の視点から見ると強度のナルシシストであることもある。ナルシシストは自分のことしか考えられない。他人の心の痛みがわからない。自分が他人に迷惑をかけていることがわからない。

視点を変えれば、長所はそのまま短所であり、短所はそのまま長所でもある。

人生に行き詰まった時には、自分の価値観を反省するといい。価値観のゆがみに気がつけば道は開ける。自分の視点の少なさに気がつけば道は開ける。別の視点に気がつけば道は開ける。

パスカルの古典的な隠喩《いんゆ》にはこうある。

口が一つしかないことで、苦しむ人があろうか、そして、目が一つしかないことで、苦しまない人があろうか？[19]

人生の中で出合う障害をひたすら重荷として背負うのか、あるいは障害が全く障害でなくなるかどうかは、その人のパラダイム次第だ。

悪いものを避けることができなくても、せめて自分の考え、要求、習慣を変えることはできる。

対象に執着するな。そうすれば、それが必要だとは思わなくなる。

絶対必要だなどと思うな。そうすれば、絶対必要ではなくなる。[20]

と、エピキュロスは書いている。

自分が他人を見る見方を改めるのも一つの方法である。

失敗した人をバカにしている限り、自分の失敗に対する怖れはなくならない。

失敗が怖くなくなるためには、自分に対する視点を変える。自分に対する自分の態度を変えるのである。

「誰にでも優しい人」が抱えている問題

不幸になる人は、病んだ集団の中にいる恐ろしさを感じていない。家族であれ、仲間であれ、病んだ集団は、個人の成長をゆがめる。その病んだ集団にうまく適応している人ほど、心の病は深刻である。病んだ集団にいると、視点が一つになる。その具体例がカルト集団である。その集団に適応した成員は皆、恐怖感からの適応である。「孤立と追放」を恐れて、集団のゆがんだ意識に同調するのである。

自我の確立のためには安心感が必要だが、「孤立と追放」を恐れて、その安心感が得られない。自分が「病んだ集団にいた」ということを知った時には、遅すぎることが多い。自分が「病んだ集団にいた」とわかった時には、あのオウム真理教事件の幹部たちのように死刑かもしれない。


ある社会的に立派な母親の子どもが躁うつ病になった。

父親が早くなくなったので、彼女が一人で育てた。教育熱心ないい母親といわれた。表面的にはなかなか理解できないが、問題は、教育熱心になる心の動機である。

母親は、夫を早く亡くしたという心の空洞を埋めるために、子どもの教育に熱心になった。夫への依存心から、子どもには「お父さんのように偉くなれ」と励ましていた。

これが立派な母親の、隠された攻撃性である。

行動という視点から見れば、「教育熱心ないい母親」であるが、動機という心の視点から見れば、「子どもを愛する能力のない母親」である。

社会的に望ましい人間の中にも、動機に問題がある人は多い。

アメリカのABCニュースが一九九七年三月六日に「ヘロイン」と題する特集番組を放映した。その中で取り上げられたヘロインで死んだ少年がいた。彼は学校でもっとも人気があった少年の一人である。ヘロインの過剰摂取で死んだその少年について親友の女の子が次のようにいう。

「彼は誰にでも優しかった。彼は特別よ[21]」

そんな死に方をするのが信じられないような、「明るくて優秀なヤツ」だったのだろう。

しかし、「誰にでも優しかった」彼は、八方美人だった。彼は誰に好かれたいのかわからない。「この人に好かれたい」という人がない。そして彼の親切は、自分が人に好かれたいための親切である。相手を愛する親切ではない。

人との関係で自分を見失った者が、薬物に手を出す。

「誰にでも優しかった」彼がこのような問題を起こすということから考えれば、彼の「優しさ」には問題があったと思われる。社会的に見れば立派な少年だったかもしれないが、心理的成長に失敗していた。

インタビューに答えた親友の女の子のように、自己執着が強いと相手の動機に気がつかない。自己執着が強い人は表面的な行動を見る。彼らの視点は一つしかない。

視点を変えて、「この人は長期にわたり基本的欲求の満足が阻《はば》まれていたのではないか？」というところから観察してみる。そうすると、その人のことが案外よく理解できるのである。

真面目だけれど危ない人

アメリカの十代の自殺者には、学校の成績がいい人が多い。学業に問題があった人は一一%しかいないのだ。[22]

自殺者の多くは、自分を抑えて無理をして優等生でいたが、心の中は不安だった。さらに努力して成績や評価を上げても、喉の乾きが増すばかりだったかもしれない。

そして無理をして自分の欲求を抑えるほど、憎しみが無意識の領域に堆積した。

最後には人間を壊したくなった。人を猟銃で撃つことを考える。

彼は、「優等生でいるのが苦しい」と思ったかもしれない。しかしもう戻れなくなっていたのかもしれない。成功への道をひた走っているように見えても、実は人生の敗者への道だったかもしれない。

悲劇の道を走っている人は、自分の今の視点に気がつかない。

ここで問題なのは「気がつかない」ことである。

真面目に努力する人が、そのように生きている動機を考えてみる。

第一に、自分の目的に向かって真面目に努力して頑張っている人がいる。これは自己実現のための真面目である。

自分の内面を犠牲にせずに成長することのできた人には、自然と能動性、社会性、積極性、自主性が備わるものである。努力する過程で「内なる力」がついている。

そしてそれらが、いわゆる人間性といわれているものの内容である。

社会的に成功するか失敗するかはわからないが、幸せな人生という視点から見れば、成功した人生である。

第二に、人から認めてもらうために、成功を求めて真面目にしている人がいる。自己防衛のための真面目さである。

こういう人は得てして、社会的には評価が高かったりする。しかし、真面目に努力しているが、「内なる力」はついていない。視点を変えれば、人間としては成長していない。高齢者になった時に、そのことに気がつくのである。

「認められたい」、「気にいられたい」という基本的欲求が満たされない限り、このような人は成長動機で動くことは難しい。日々無理をしているから「心身の不調」は避けられない。

こういう人は、いつも心は不満である。しかし「認められたい」、「気にいられたい」という基本的欲求がある限り、その不満を外に直接表現することはできない。その不満がいつしか恨みに代わる。基本的な欲求が満たされないのに、「前向きになれ」といっても無理である。それが「真面目でいい人なのだけれども心の底に憎しみがある」という人たちである。社会的に成功したけれど、心はイライラしている人である。

彼らはいつも、心理的に消耗している。もしも不満を表現できれば解決はつくし、心理的に楽になるのだが、それに気づかない。

はじめて「燃え尽き症候群」という概念を提唱したフロイデンバーガーは、「好かれたい、認めて貰いたいという気持ちが強い人ほど、『燃え尽きる』可能性が高い」といっている。こういう人たちは、最初は成功者に見えるが、途中から失敗者になる。長い視点で見れば失敗になってしまったが、しかしその時その時の短い視点で見れば、成功しているように見えていたのだ。

そして彼らは、実は失敗して苦しんでいるのではない。自分の人生を見る視点で苦しんでいるのである。

そういう人は、マインドフルネスにならない限り救われない。心の安らかさはない。心の癒やしはない。「心身の不調」に悩まされるばかりである。

「自分にとって最悪のことは何か」がわかっているか

同じ失敗でも、「その人らしい失敗」というものがある。そういう類《たぐい》の失敗は、短期的な時間展望の中では失敗に見えても、長い人生の中では、それは成功への過程であることの方が多い。

逆に、「その人らしくない成功」というものは、長い時間的展望の中ではたいてい、失敗の原因である。霞ヶ関のエリート官僚が自殺をする場合などがそうである。それまでの人生で、成功ばかりを積み重ねて来てしまったのが、死ぬほどの挫折の原因である。もっと早いうちにどこかで失敗していれば、「はたしてこの道は自分が歩くのに適した道なのだろうか」と反省できたのではないだろうか。

つまり問題は、「何が失敗か？」、「誰にとって成功か？」ということである。

社会的に失敗しても、自分に誇りを持っている人がいる。こういう人を「おかしい」と決めつける人もいる。しかし、「おかしい」といっている人の方がおかしいのである。

大切なのは、自分らしく生きていることであって、成功や失敗が「ない」か「ある」かは、その時々の視点の問題である。

ルネッサンス以後「文化全体の状況が、他人を乗り越えて抜きんで、勝ち誇ることによる自我実現を促進した[23]」。

競争で勝つことは自己実現ではない。競争に勝つことで心の葛藤は解決しない。それなのに、勝つことによって多くの人に認められようとした。その動機が不安である。結局、勝っても負けても不安は増大する。

これは重要なことであるが、緊張や絶望の底流がミケランジェロのような、実際に個人主義的な闘いに成功した人々の中に見られるということである。[24]

失敗を怖れる人が「清水の舞台」から飛び降りる覚悟で、何かに挑戦して成功しても、皮肉なことだが自信にはつながらない。よもや失敗したら、かえって自殺しかねない。

そのような愚を犯さないために、自分にとって絶望とは何か、自分にとって「人生の終わり」とは何かを理解することである。それを理解する中で、自分の視野を広げることである。マインドフルネスになることである。

不安は成長と認識を制限し、感情生活の領域をせばめる。そして情動的健康「emotional health」は個人認識の度合いと等しくなる。

それゆえ不安をあきらかにすることは、ひいては、認識を拡げ、自我を拡大することになり、それは情動的健康達成の道でもある。[25]

精神科医で社会心理学者のサリバンの言葉である。
屈辱に耐えることで、いつか視野が広がることをいっている。

マインドフルネスと心身医学

「心の状態が肉体の健康に影響を与える」ということの根拠は固まりつつある。そして、その影響力は、敗血症性咽頭炎に対してペニシリンが発揮する効力ほど顕著なものでないかもしれないが、それでも意味のあるものだ[26]。

心身医学の基本理念の一つは、人を心も体も含めてまるごと扱うのが最もよい、というものだ。精神的な苦しみを癒すことは、従来の医療を補完するのに欠かせないものなのだ。

さらにもう一つの理念がある。それは、人は自分の健康管理に積極的に関わることができ、また、自分の心理状態を管理しようとすることによって、病気を予防したり、回復を早めたりすることも可能だということだ。

もちろん、これらの原則は、健康や病気に作用しているそれ以外の多くのファクターを現実的に考慮した上で、加減して考えなくてはならない。誰も、幸福なことを考えるだけで自分で自分の病気が治せるなどといってはいない。そうした極度に単純化したものの考えかたは、生物学の複雑な問題や私たちの遺伝子のとらわれの運命を無視している。

さらにそれは、病気になったのは自分がいけないからだという、罪の意識を感じさせることにもなる。それは、心身医学が伝えようとしているメッセージではない。

重要なことは、心を視野に入れた治療は、確かに病気のさまざまな症状を軽減し、症状が出る頻度を抑えることができるということである。

たとえば、慢性の頭痛が起こる回数を減らし、化学療法に伴う吐き気を抑え、手術後の回復を早め、関節炎患者に対しては痛みで体を動かせないといった症状を抑えることができる。しかも、病気に対する体の抵抗力を強化することもできるだろう。[27]

このように考えてくると、マインドフルネスは精神神経免疫学といわれる精神医学の一部として位置付けることが適切ではないかと私は考えている。

私の知人が大人になって神経症になり、さまざまな病に苦しんだ。しかし理由の説明ができない「心身の不調」を訴えていたその人は、マインドフルネスによって、再び一人の社会人として生きられるようになった。

もちろんそれには、新しい視点を与え続けた、優れた精神医学者との出会いがあった。そして何よりも、自分を侮辱し続けた周囲の人に対する視点の変化があった。

周囲の人は、自分を侮辱することで、本人自身の心の癒しを得ていたに過ぎないという視点に気がついた。ここが大きかった。世界を見る視点が増えた。

それまでは、自分を侮辱する周囲の人を、自分より社会的地位が高いという視点からしか見ていなかった。そこを修正することに成功し、慢性疲労症候群、慢性的「心身の不調」から解放されていった。


思考と感情を統合した考えにより、私たちの健康および幸福に対するコンテクストの重要性を理解することが可能となる。医者がガン検診の方法として生検を指示する際に私たちが覚える恐怖を考えてみてほしい。場合によっては、乳房のわずかなしこりやほくろでは、悪い部分を取り除くのに必要とされる以上には大きくない切開となる。だが私たちが覚える恐怖は、その手順だけではなく、医者がすることに対する私たちなりの解釈に基づいている。

私たちの思考が、自らの気持ちを決定するコンテクストを作り出すのだ。健康のことを考えると、特に病気の影響や病気につながる行動を改めようとする場合には、コンテクストを理解することが不可欠なのである。[28]

私自身もガンの手術を体験している。そしてその時、ガンになった人の心理をできる限り調べた。その影響は驚くほど大きかった。

このマインドフルな行為により、鎮痛剤や鎮静剤の使用は減り、医師の見立てよりも早期に退院することにつながった。

第二章

幸せの鍵は、ものの見方にある

悩みごとが絶えない人の問題点

ここまでで説明してきたように、マインドフルネスとは多面的な視点で物事を見ることである。自分がある物事で苦しんでいる時に、その物事を違った視点から見られることである。

ダニエル・ゴールマンはその著書の中で、マインドフルネスが自分の感情をマネイジすることを助けると書いている。[29]

シーベリーのいう「注意に注意せよ」も、マインドフルネスの趣旨である。自分の注意が今どこに行っているかに気がつくことで、違った視点から事実を見ることにつながり、そしてマインドフルネスになれる。

多面的な視点を持つことで新しい世界が開ける。そうすれば同じ体験をしても心配ごとで心を煩《わずら》わせる機会は少なくなる。

悩みごとが絶えない人は、心を閉ざしたマインドレスネスの状態を身につけてしまっている。そして、その結果として原因不明の「心身の不調」に苦しんでいる人が多い。

イソップ物語に次のような趣旨の話がある。


農夫の畑に、木が1本ありましたが、果物がならず、やかましいスズメやセミの休み場になっていました。

農夫は果物のならない木だから切ってしまおうと思いました。そこで斧《おの》を持ってきて一度切りつけました。

スズメとセミは、自分たちの休み場を切ってしまわないで、今までどおりそこで歌をうたってあなたを楽しませてあげられるようにしてくれと頼みました。

農夫はそれにかまわず、二度三度と切りつけました。

ところが、その木はうつろになっていて、ミツバチの群れとハチミツが見つかりました。農夫はハチミツをなめて、斧を放りだして、その木を神木におまつりして大事にしました。


スズメとセミが歌うのを楽しむ人には、果物のならない木でも価値がある。実利の人には無駄に思えるその木も、スズメとセミが好きな人なら、神にささげるだろう。木そのものは全く変わりないのに、相手によって木の価値は違ってくる。

ある人があなたのことを価値がないといっても、それはその人の価値観に従っていっているだけである。その人の視点であなたを見ているだけである。また、その相手の価値観もこちらの気持ち次第で変わることに注意しなければならないだろう。

自分の価値観や発想次第で、物事は違って見えてくる。周囲の人が自分を軽蔑したからといって、自分に価値がないわけではない。

戦争で右腕をなくした二人の違い

オーストリアの精神科医であるアドラーは一九一五年、イタリアとオーストリア・ハンガリー戦争に徴兵され、ウイーン病院で内科医として勤務した。ここで彼は、大勢の神経症の患者を診る機会を得て、共同体感覚が何にもまして重要であることを発見した。[30]

彼は次のような体験を書いている。[31]

戦争に行く前のある日、二人の患者が診断にきた。

そして戦争が終わって二年後、その二人が同じ週に訪ねて来た。

一人はいった。

「アドラー博士、私は右腕なしでも大変上手くいっています。右腕をなくす前よりもいい仕事に就いています。結婚しました。健康な男の子も生まれました」[32]

もう一人はいった。

「私は右腕がなくて、もう絶望です。仕事はできません。結婚なんて問題外です。私は人間ではありません、材木同様です」[33]

この二人目の言葉は、「私の人生は終わりです」という意味である。しかしあくまでも、今の視点に固執すれば「私の人生は終わりです」という意味である。もしも彼が違った視点を持てれば、別の人生を始められるかもしれない。

飛行機の揺れとジェットコースターの揺れは事実として同じでも、一つは楽しいがもう一つは恐怖であるとハーヴァード大学のエレン・ランガー教授はいう。同じ性質の刺激でも、別の名で呼ばれれば、別の刺激であると彼女はいうのである。その通りであろう。[34]

マインドフルネスになれば、すべて不愉快な体験が消えるほど人生は都合よくできていない。マインドフルネスになれば、坐骨神経痛の痛みが消えるわけはない。どんなにマインドフルネスになっても、長い人生には「もう苦しくて生きていけない」と思うことはある。

そんな事実はどうでもいいというわけではないが、私たちは解釈の影響の重要さを忘れがちである。私たちは事実に苦しんでいるのではなく、事実に対する自分の解釈で苦しんでいるに過ぎないことが多い。

マインドレスの人は、その上、自分の今の解釈が唯一の解釈としか考えられていない。自分の解釈は、多くの解釈の中の一つに過ぎないことに気がつけば、事実は変わらなくても気持ちは少しは変わる。今の辛さは、「自分の成長の過程」と解釈することで、少しは救われる。辛いことは辛いけれど、希望が持てるのである。

少し頭を切り替えれば、少し工夫すれば、少し積極的になれば、そんなに心配しなくても生きられる場合もある。

自分を立派に見せようとするから疲れる

ヒルティも『幸福論』で述べている。

ついぞ大きな苦痛を知らず、自分の自我の大敗北を体験せず、失意の底に沈んだことのない者は役に立たない。そうした人には何かせせこましさがあり、またその態度振舞いには高慢にして独善、しかも不親切なところがある。[35]

そしてそのしばらく後に、「人間は誰でも自分の型を完成させなければならない」と書いている。麦が刈られて脱穀《だっこく》されて、臼《うす》で引かれて白い粉になり、火にかけられてパンになるように、人生もその人、その人の道がある。

人生には苦痛がある、苦痛があるとそればかりにとらわれて、打ち砕かれている人がいるが、苦痛は苦痛だけで存在しているものではない。生き方によっては「成長」とともにある。

マインドフルネスな人は、人生を結果という視点ではなく過程で見る。

今の苦しみを幸せになる過程として見るかどうかで、苦しみの程度は違ってくる。

肝心なことは「とらわれない心」である。マインドフルネスによって、辛い人生が辛くなくなるわけではないが、それを乗り越える方法を身につけるということである。

苦痛は避けようとすれば避けようとするほど大きくなる。それを避けようとする人ほどそれを悲惨なものに感じる。淡々と自分の人生を生きようとするものは一の苦痛は一であるが、それを大騒ぎして避けようとするものには十にも百にも感じられる。[36]

マインドフルネスは魔法の杖ではない。

魔法の杖ではないが、マインドフルネスになって力をぬいて、頭を柔らかくして、いままでよりもっと「愚かになろう」。

「愚かになろう」とは人に「自分を立派に見せようとして生きること」は止めようという意味である。

その視点から、「努力することをやめる」ということである。

▼▼▼――とらわれた心が感情を支配する

自信のない人は、とかく他人の意見を聞きたがるものである。

私たちは他人が何を正しいと考えているかに基づいて物事を正しいかどうか判断する。[37]

とまでいう人もいる。

そういえば、ガンは不治の病ということで、皆が大変だというから「ガンです」といわれると「大変なことになった」と思ってしまう。

ガンだといわれてすっかり不安になって、健康を害する人は多い。いろいろと気をつけているはずなのに、かえって体を悪くするのである。

ガンの宣告を前向きにとらえる人もいる。この体験がなければ、わからないこともある。自分が人間として成長するためには避けて通れぬことだと解釈する人もいる。

早期発見を感謝する人もいる。今なら対処できる。もし一年後の発見だったらもっと大変なことになっていたとプラスにとらえるのである。

同じガンでも、それをどう受け取るかで健康にも大きな違いが出る。

「精密検査をします」といわれただけで震えて寝込む人もいる。

健康と幸せとは深く関係するか。ほとんどの人は関係すると思うであろう。しかし必ずしもそうではない。関係するのは本人の主観的健康観である。

本人が「自分はどのくらい健康を害していると思うか」という、主観的な健康観が深く関係するので、医師がどのくらい健康を害していると判断するかという客観的な基準は深くは関係しない。[38]

ガンになったり、大手術が必要になったりしたときに、その現実としっかりと向き合えるかどうかを分けるのは、その事実に当事者が納得しているか否かである。

その人固有の情感に基づく解釈を通して与えられる、事実の影響の恐ろしさ、思い込みの恐ろしさに私たちは気がつく必要がある。

心理学者のセリグマンは、このことについて、次のような実験をしている。[39]

乳離れしてすぐのネズミを三つのグループに分ける。一つは逃避可能なショックを受けたグループともう一つは逃避不可能なショックを受けたグループ、それにショックを受けないグループ。

ネズミが成長してから新しくテストをする。小さい頃、逃避可能なショックを受けたネズミとショックを受けていないネズミはたやすく逃げ出せた。

しかし乳離れしてすぐ逃避不可能なショックを受けたネズミは無気力であった。つまり逃避に失敗した。

「火事場のバカ力」とまではいわないが、事実としてその人に力がある。それなのに、一人で勝手に力がないと思い、自分の潜在的可能性の実現に努力しない人がいる。逃げられたのに逃げなかったネズミと同じである。

事実に負けたのではない。事実に対する自分の解釈に負けたのである。これが思い込みである。

これが「とらわれた心」である。

エレン・ランガーも、「感情はとらわれに基づいている」といっている。

同じ刺激が異なるコンテクストでは異なる感情になることに気づかないと、私たちはみずから作り出した感情連想の犠牲となる。つまり私たちは不愉快な感情に苦しめられている時に、もうどうしようもないと思う。他の感じ方があるのに。[40]

自分を特別な人間だと思うな

人は健康を、富を、成功を、求めすぎるからイライラする。

神経症者は社会的に成功しても苦しんでいる。成功しても失望している。それは今の成功が、期待した壮大な成功にまで達することができなかったからである。[41]

成功や失敗は単なる事実である。喜ぶか悲しむかとは関係ない。

人はコンプレックスがなくて、好きなことをしていれば、失敗しても素直にしていられる。

しかし嫌いなことを、無理に「好き」と思って努力していれば、成功しなければイラ立つ。成功してもイラ立つ。

嫌いなことを、認められたいと無理に努力していれば、成功しなければ絶望する。成功しても心の底ではイラ立っている。

ちょっと注意をされて、もの凄く怒る子どもは嫌いなことをしている。人はある一つの事実に対していくつかの反応をすることができるということである。人はそのいくつかの反応のうち一つを選択する。その選択をするのはまさに「この自分」なのである。

自分の今の感じ方が唯一の感じ方だと思っている人は、自分の生きる道にはなんでこんなに悩みがあるのだろうと嘆きながら生きていくに違いない。

そのさまざまな悩みを作り出しているのは、まさに自分自身の視点なのだということには気づかずに。

幸せの鍵を握るのは自分自身の視点。生きるのは辛いということをマインドフルネスは否定しているのではない。生きるのは辛い。誰にも苦しい。

今、あなたは何にとらわれているか。このことを理解しようと思い立つことが、あなたの幸福への第一歩になるのである。

視点を変えるとは、自分を特別な人間と見ないということである。自分も普通の人と同じにこの人生には苦しいことがたくさんあるということを受け入れることである。

自分にだけ特別に安易な人生が用意されていると期待すれば、些細《ささい》なことを「辛い！　辛い！」と大騒ぎすることになる。

　自分にだけ特別に安易な人生が用意されていることを要求するのが神経症的要求である。「こうあってほしい」という「安易な人生への願望」が強すぎる人が多い。

心理的に不安な人には瞑想がよい

　心理的に不安な人は周囲の環境が事実として平和でも、危険を感じて緊張している。現実が脅威に満ちているのではなくても、現実を脅威と受けとってしまう。

　まずこれらのことを頭で理解する。

　そして逆に、その人間の心の自然法則を意識的に利用することが重要である。それが人間の理性である。

　エレン・ランガーによれば、「重い心臓病患者」は、なじみの薄い職員が回診に来ると、ほかのどんな時間帯と比較しても、突然死を迎える可能性が五倍にもなったという。

「病院のスタッフも、患者のよく知っている人たちと変わりがない」という事実が、安心を呼ぶのかもしれない。

このような、心理的に不安な人にとっては、目をつむって、自分が今一番居たい場所にいるところを想像することは、いい影響があるようだ。

ダニエル・ゴールマン医学博士とジョエル・グーリンは、『心身医学とは何か』という論文の初めに次のように書いている。

クリーヴランドのある病院では、長期に渡ってガンによる痛みに悩まされ続けている子どもたちに、自分がほっとできる幸福な場所にいるところを想像するよう指導している。それによって、子どもたちは痛みを和《やわ》らげることができる。[42]

また、他の研究においても成果が上がっている。

マサチューセッツ大学医療センターでは、心臓病、ガン、糖尿病、慢性腰痛、大腸炎などさまざまな疾患で苦しむ三〇名の患者が瞑想《めいそう》をしている。静かに座って目を閉じ、息を吸ったり吐いたりして神経を集中させる。

この簡単な行為を毎日の生活に取り入れている患者のほとんどが、苦痛が和らぎ、多くの病気の症状さえ軽くなったと報告している。[43]

ただこれは患者に現実否認をさせているのではない。

患者は、本心は隠していない。意識と無意識の乖離《かいり》がない。

瞑想とか、マインドフルネスとかいうのは、困難への対処の仕方のことである。決して現実を否定することではないが、間違えると現実否認になりかねない。

神経症者にも同じことがいえるのではないか。

神経症の親から無意識に侮辱されて、子どもは周囲の世界が敵になる。大人になっても、過去に自分に屈辱感を与えた環境に対して、同じように常に身構えるからである。

苦悩もトラブルもきっかけにする

誰だって苦悩するのは嫌である。しかしいかに苦悩のない人生を望んでも、それはかなわぬ願いであることを私たちは知っている。

しかしこの苦悩も視点を変えれば、私たちにこれから先どのように生きて行けばよいのかを教えてくれるものとなる。

しかし多くの場合悩んでいる人は、「このトラブルは自分に何を教えているか」を考えない。

カーソンという人が書いた『幸運をつかむ一三のヒント』[44]に、一つのヒントとして「なぜ？」と考えることが挙がっている。

「なぜ？」で心の葛藤に直面する。そして「内なる力」を得る。

誰でもトラブルは避けたい。しかし生きている以上、残念ながら人生はトラブルの連続である。

しかし視点を変えれば、シーベリーがいうように、
　トラブルは人格を成熟させるための、運命の強壮剤なのです。[45]

ということにもなるのだ。このようにトラブルを捉えて、必死で生き抜こうとする人もいる。

トラブルと向き合えば、

トラブルとは成長の物差しであり、他の何よりも、人生に意味を与えてくれるものです。[46]

という風に、心の中で置き換えができる。苦悩もトラブルも、捉え方次第である。今あなたが思っているよりも、もっとたくさん生きる道はある。「これしか生きる道はない」と思うから苦しいのである。視点が増えて、「こちらの道もあった」と気がつけば幸せになる。

「生きる道は一つしかないと思ってしまう」のは、今生きている道を自分で選んでいないからである。自分の人生を自分の意志でコントロールしていないからである。

先にとりあげたカーソンは、幸運をつかむ知恵の一つとして、「なぜ?」の他に、「みつけだす」ことを挙げている。

もしそうした努力ができるなら、自分の今の評価の基準だけを、唯一の基準としていたことに気がつくであろう。そうして次の幸運へと道が開ける。

過去の出来事への執着を捨てればいいのに、「ああすればよかった、こうすればよかった」といつまでも過去を引きずって生きている人がいる。ガラガラガラガラと、いらなくなった缶からを引きずって歩いているようなものである。

そして自分の不満な心に同調してくれる人を探しているが、そういう人とばかり話しても不満が消えるわけではない。

自分自身の価値観も変わらない、だからいつまでも人生が開けない。

「生きる意味」など気にするな

「何かが心配な時は、常に、自分が回避している中心的な事実があるのです。その中心的な事実は、あなた自身を変革せよという要求をたえずあなたの前に示すはずです」と、シーベリーはいう。[47]

不安の積極的解決ということを考えていくと、このシーベリーの言葉がよく理解できるであろう。

不安な人は、「自分を苦しめているもの」がわかっていない。

自分を苦しめているのは、自分の今の視点であることに気がついていない。

困難から逃げる態度が人格の成熟を妨げているのである。

生きている意味とか、社会的成功という視点に立つと、歴史に名を残すようなごく一部の人以外、ほとんどの人の人生はまったくの徒労に見える。

そのような視点に固執すれば、絶望感は乗り越えられないに決まっている。

だから、「生きている意味」などという、世界史上誰一人として答えを出していない、哲学の命題のような視点は早々に捨てることである。「生きている意味を考えろ」と誰にいわれたか知らないが、間違った視点に立ち続けることは、あなたの人生にマイナスにしかならない。思い切って今の視点を変えればマインドフルネスになれる。

かなわぬ願望や思わぬ失敗からのメッセージ

私が翻訳したアメリカの小さな格言集のような本に、「欲しいものが手に入らないのは、時には思いがけない幸運である」という言葉があった。

世の中には、努力しないで大金を得たために、その後の人生を悲劇にしてしまった人がたくさんいる。土地の値上がりで儲けて、夜の街に通いつめ、働く意欲を失い、やがて全てのお金を失い、それまで周囲にいたまともな人も去り、孤独な晩年というような人たちである。相続争いが起きて家族が崩壊し、ノイローゼになる人も後を断たない。

欲しいものが手に入らないとき、「これは自分に何を教えているのか」と立ち止まって考える人は、マインドフルネスな人である。幸せになる道を選んでいる人といっていい。

かなわぬ願望とか、思わぬ失敗などは、「あなたはこの道を進んではいけない」というメッセージかもしれない。この道はあなたには向いていない、あなたの適性にかなっていない、他の道を行きなさいという知らせかもしれない。それこそ幸福への扉かもしれない。

失敗を、「あなたはこういう人間ですよ」というメッセージとして受け取ればいい。それが、マインドフルネスな人である。

また欲しいものが手に入らなくても、「それでよかったのかもしれない」と考える心のゆとりがあれば、後に本当に欲しいものが手に入ることもある。

近道をする人が見逃すもの

結果としての成功を求めて近道をしようとするような人は、長い目で見るとあまりいい仕事はできていないことが多い。

仮に近道をして成功しても、それはたいてい一回しか通用しない。

なぜなら正しいやり方が身についていないからである。正しいやり方とは、社会的な力を身につけても、自分は「内なる力」を得ていないと気がついていることである。

長期的に見れば近道をしないでじっくりと歩んだ人の方がかえって効率がいい。これがまさにマインドフルネスな人である。

成功しても正しいやり方が身についていなければ、次には今までの経験が生きてこない。

近道ばかりしようとする人は結果だけで人生を考えるようになる。

自分を表現するのに、結果という視点で表現するか、それまでの自分の生き方という過程で評価するかで、自分の評価は全く違う。

人と同じ道では気が済まなくて、自分にだけ特別に安易で近い道がないかといつも探している人もいる。そのような人は神経症的傾向が強い。強迫的に近道を求めている人は最後には挫折する。

近道ばかりを求める人は遠回りのエネルギーがないのである。遠回りのエネルギーが「内なる力」である。人間としての力である。自分の周りにどんな人が集まっているかを見る心のゆとりである。

近道を選んだ人は着いたときに「辛かった」という。遠回りをした人は着いたときに「楽しかった」という。

一つ一つのコーナーをきちんと回って目的地に到達してこそ喜びがある。まさにコーナーを省《はぶ》いてはいけない。一塁を過ぎたら二塁を回って三塁にいく。

たとえばコーナーを省いてしまう人は、敵を友に変えることができない人である。敵を倒すことが近道である。しかし悔しい気持ちを抑えて敵を友に変えれば、時間とエネルギーはかかるが、その後の成果ははかりしれない。

マインドフルネスの人は、今の敵を「味方にしてしまおう」というエネルギーがある。コーナーを省いてしまう人は心がふれあう友人ができない。

なぜ、他人と比べない方がいいのか

さらに、最終的に成功感を持てる人生を手にいれるために大切なことは、「他人と自分を一つの視点で、比較して見ない」ことである。

カメはなぜウサギと競走して山の上に行かれたか。ウサギではなく頂上を見ていたからである。

カメの自分に競走を仕掛けるウサギの気持ちがわかっていたのである。「もしもしカメよ、カメさんよ」とウサギに話しかけられたカメは、「このウサギは、自分の仲間のウサギとうまくいっていない」と気がついていたのである。

カメがウサギを「自分と同じ動物」と見たら、「勝てっこない」と思う。しかし「自分とウサギを比較しないカメ」はウサギと競走して山の上まで行ける。

別の言葉で表現すれば、カメは自我の確立ができていた。自分に話しかけてきたウサギは、仲間のウサギとコミュニケーションできないウサギと見ぬいていた。

すぐに騙される人は、相手を見ていない。つまり自分を理解していない。

他人に気を取られないで自分の夢を見ること。

これも自分に与えられた状況に対する対処の仕方で、物事は違って見えてくるという例である。

同じ状況でウサギを見て、「自分にはできないと諦《あきら》める人」もいる。自分の自我の未確立に気がついていない。自分も相手も見ていない。

問題は状況よりその状況に対する対処の仕方に、その人の人格の形成、未形成が現れる。

そして人格の未形成な人ほど自分の自我の未確立にも気がついていないし、相手の人格の未形成に気がついていない。

成功し続けるのはよくない

私は不運の時には、「自分は今運をためている」と思うことにしている。マインドフルネスの人になる訓練である。「この不運は自分に何を教えているのか」と考える。

不運に耐えているときに人は鍛えられる。鍛えられるということは自分に本当の力がついているということである。「内なる力」がついている時である。

本当に力がつけば運が回ってきたときには鬼に金棒である。

エレン・ランガー教授は、「成功が続くと確定性（固定）が生じやすくなる。皮肉なことに、成功した企業ほど硬直した精神、マインドレスネスにとらわれやすい」といっている。

誰でもやることなすことうまく行っていれば、反省する機会はなくなる。

だから、「内なる力」がなくて、社会的に成功が続いている事業家に「得意になるな」というほうが無理である。

そして得意になって、自分を見つめる機会がなくなれば、絶望的な崩壊が待っている。特定の分野における連続した成功は、悲劇的な結末に向かって進んでいるといってもいいのではなかろうか。

「イケイケどんどん」の時には、すでに崖っぷちまで来ている。

飛ぶ鳥を落とす勢いの政治家が逮捕されたり、飛躍的に発展する企業の社長が年をとってから逮捕されることがある。年をとってから逮捕されることは、若い人には想像を超える悲劇的な体験である。

彼らは社会的に有能であるが、自分自身の本当の力、つまり「内なる力」を育成しないで、自分自身を見失ったゆえに、一つの視点で頑張りすぎたのである。

やりすぎることの原因は連続した成功である。

途中でなにかにつまずいていればそこまではしなかったであろう。途中でなにかにつまずいていれば自分を見失わなかった。

社会的には力がついているかもしれない、しかし「内なる力」を喪失している。

栄光の道を走り続けて、社会的な成功で、周りが見えなくなる。自分の努力は「内なる力」を喪失することにつながっていることに気がついていない。

「内なる力」を失った社会的成功者の悲劇的挫折は、その自分に気がつかなかったことである。社会的な成功への道を順調に走りながら、実は自分は「内なる力」を失いつつあるということに気がつかない。

一病息災というが、企業の成功も同じである。どこか体が悪いからかえって体を大切にする。それと同じで、どこかに失敗があってこそ経営者の気持ちも引き締まるし、慢心におちいらない。

決して失敗は悪いものではない。別の視点から見れば失敗こそ悲劇から自分を救ってくれているメッセージかもしれない。マインドフルネスな人の見方である。

成功しているときも、失敗しているときも人は視野が狭くなりがちである。

私自身このようなことを書いていても、もし自分がやることなすこと成功していたらきっと慢心すると思う。人生は絶望の連続であるという絶対の真理を忘れて、世の中や、人生を甘く見て、年をとってから悲痛な体験をするのではないかと思う。

人生の幸福とは、次から次へと絶望的課題を連続して乗り越えることである。

結果だけを見ているから絶望する

天国に生まれる人も、地獄に生まれる人もいる。

殴る蹴るの肉体的な虐待ばかりでなく、執拗《しつよう》な心理的虐待に苦しめられながら、大人になるまで辛い人生が続く人もいれば、父母の愛情に包まれて成長する人もいる。

人生を結果で見るということは、このような火あぶりの地獄に生まれて死にそうになっている人と、歓喜の園に生まれてくる人を同じに見るということである。

結果がどんなに悲劇的でも、自分の人生に誇りを持っている人もいる。結果がどうであれ、自分の人生に誇りを持っていること、それが人生の究極の勝者である。

結果が恵まれていても、自分の人生に誇りを失っていること、自己評価の低い人、それが人生の究極の敗者である。

失敗を恐れる人は、過程でなく結果ばかりを重んじている。その点で恥ずかしがり屋の人も過程に注意を向けないで結果ばかりを気にする人である。

過程という視点で自分の仕事をしている人は、「あそこでいい原稿が書けなかったけれども、自分としてはよく調べて書いたのだ」と自分の努力を高く評価する気持ちになるはずである。

「あいつと喧嘩してしまったけれども、よくあそこまで我慢をして指導してきたものだ」と、自分に感心したりする。

決して「俺には人間関係をうまくやっていく能力はない」などと自分に絶望したりしない。「最終的には成功しなかったけれども、とにかくあの悪条件のなかでよく頑張った」という気持ちになる。

うつ病者のように、極端な解釈をする人は、やはり過程ではなく結果にばかり注意を向けている人なのであろう。

過程に注意を向けている人は、失敗しても努力をしていれば自信はつく。「よくあそこまでやった」という自信である。失敗しても、自分は能力がないとか、駄目な人間などとは思わない。

逆に努力をしなければ、成功しても自信はつかない。頑張ったけれども失敗した人と、頑張らなかったけれども成功した人とでは、頑張ったけれども失敗した人の方が自信を持つ。その条件は結果ではなく過程に注意を向けるということである。

過程に注意を向ければ、子どもの教育が思ったようにうまく行かないからといって、「俺は父親の資格がない」とか「私には子どもを育てることができない」というように自信喪失にはならない。

もし子どもが何か問題を起こしてしまったとしても、「自分も心理的に大人ではなかったけれども、努力だけはした、その努力が間違っていたからといって、自分のした努力を否定することはない、あそこまで一生懸命やったのだから。誰だって理想的な人間なんていない、これからも引き続き頑張ってみよう」という気持ちになる。

「あの時に子どもが自分のいうことを聞かなかったのは、子どもが自分から愛情を求めていたからなのだ」。そして「そうだ、そう気がついたのだから今度はもっとうまくできる」と勇気が湧いてくる。

結果ばかりに注意を向けているから完全主義におちいってしまうのである。過程に目を向けるから自分のした価値ある努力にも気がつくし、次の意欲も湧いてくる。結果ばかりを気にしている人は、何事も成功か失敗かのどちらかになってしまう。

努力したことを認める姿勢

私自身、若いころからかなりの年まで、結果ばかりを求めてきた。そのために本当の自信がなかなか持てなかった。しかし結果ではなく、過程に注意を向けて自分を評価するようになってから、自信を持てるようになった気がする。

過程に注意を向ければ、思うような結果でない中にも必ず自分のよさを見つけられることができることに気がついた。そして何よりも自分が心理的に楽になった。「成功しなければ、成功しなければ」という焦りが消えていった。

結果を求めている時には、結果が悪ければ努力したことの意味がないように思えた。だから、心安らかな日々ではなかった。

しかし、「何でこんな悪い結果が」と後悔するようなことでも、過程に注意を向けるとそこに自分のよかったところを見つけることができた。それが次の挑戦への意欲になっていくのだった。

結果ばかりを気にするのはやはり人の目を気にしているからである。自分の評価を自分でできるようになって初めて、過程が目に入ってくるのかもしれない。

そもそも心理的成長をはかるなら、過程に注意を向けるしかない。完全な大人などいないのだから、すべてその成長過程に目を向けるしかないのだ。だから、まだ人の目を気にしてしまう人も、「ここまで過程に注意を向けられた」と自分の成長を評価することである。「私は人の目ばかり気にして、やはり駄目な人間だ」などと卑下することはない。自分がした努力であれ、人がした努力であれ、「やった努力を認める」ことが大切である。

「希望」と「野心」の大きな違い

「偽名現象」という事態がある。これは過程に注意を向けないで、結果にばかり注意を向けている人たちがおちいる心理現象である。結果だけを求めて日々の生活にどこかごまかしがあったのである。

偽名現象といわれる人たちは、他人から見れば明らかに成功しているのに、自分の力で成功したとは感じられないらしい。そこで何か自分は偽名でも使って生きているようなうしろめたい気持ちになる。

本当に有能でも、有能な「ふり」をしたことで、自分が有能であることが信じられなくなる。それが偽名現象である。

また悲観主義の人も、結果にばかり注意を向けている人たちである。過程に目を向ければ、自ずと「あそこであの人とうまく行かなかったのは、もしかしたら、あのときの私の言葉使いが悪かったからだろうか」とか「服装が派手すぎて反感を買ったかな」などと、考える余地が生まれるはずである。

恥ずかしがり屋の人、偽名現象の人、悲観主義の人、うつ病者、皆結果ばかりを気にして過程に注意を向けていない。マインドレスネスなのである。

マインドレスネスで悩んでいる人は、適切な目的を見定めることができていない。

自分にとって適切な目的がわかっていれば、それが達成されたかどうかは別にして、そこへのプロセスに幸せを感じることができる。

結果が重大な人は、小さい頃から目的をexternally（外部的）から与えられてきた。祖父や祖母から期待された、いわゆる一流の大学や会社であったかもしれない。そういうことではおそらくどんなに頑張っても、過程に喜びを感じないし、充実感も持てないだろう。生きる希望は、自分の人生を生きよう、自分らしく生きよう、そう思ったときに出てくる。自己の内なる力を感じたときに出てくる。視点は常に過程である。自分のためによく頑張ったという誇りと満足である。

結果が重要な野心とは違う。

希望は向上心であり、野心は劣等感が動機である。野心を持っている人の努力の視点は常に結果である。

子どもを怯えた人間にする親

失敗しても再起できる強い人になるためには、マインドフルネスの本質的特徴の一つである「過程を重視する態度」を身につけることである。

子どもを怯えた人間にする親や教師はどういう人かを考えてみよう。

たとえば学校に来ても教室には行かれないが、保健室なら行ける、こんな子どもがいる。「保健室登校」という。このときの子どもに対する大人の対応が問題である。学校に来たこと自体を「偉い！」と褒めてあげる態度があるかないかということである。

教室に行かなければ駄目という考え方は、過程を見ていない。「なんで教室に行かれないの」と怒る親がいる。保健室に来られたことは、保健室に来られないことよりも進歩である。「保健室まで来た」という過程とその努力を認めてあげることである。

「やった努力を認めてあげる」ことが子どもの意欲をかきたてるのである。教室に行かなければ学校に行ったことにならないなどという考え方はマインドレスネスである。

「考えることは大変だ」という固定観念を捨てる

次の話は、エレン・ランガー教授が日本精神衛生学会に来た時の講演内容である。

フロリダ州のある会社が、水滴を排除する水滴排除剤を開発した。収穫前の穀物に水滴が溜まってしまうことを防ぐためである。ところが、それをスプレーしたところ、水滴除去するのではなく、凍結してしまった。この薬を使ったがゆえに、穀物は、皆駄目になってしまい、大損害となった。

しかし、この同じ水滴排除剤に、フリージングできる、つまり氷を作ることができるという効能を、この会社は見出した。ニューイングランドなどのスキー場で、雪が足りない時の製雪剤という用途に結びつけることができたのである。

所期の目的を満たせなかったものでも、それをどういう視点で見るかということで、見ているものの価値は変わってくる。

つまり、視点を変えただけで、失敗も成功であるということだ。

物事の価値を決める時に、「自分は今それをどの視点から見ているか?」ということがいかに重要であるかということである。

したがって、全体の流れの中で物事をとらえるか、とらえないかで物事は違って見える。そして、いろいろな、前後関係でとらえることによって、ある前後関係においては、悪いことが、視点を変えれば、よいものであることになる。そのように視点を変えることによって、ストレスを避けることができるのである。

これを読んでいる人の中には、「そうはいっても失敗には違いない」と思う人も多いだろう。「不愉快なことは不愉快」と思う人も多いだろう。

今病気で苦しんでいる人は、「この苦しみさえなければ」と思っているかもしれない。

でもマインドフルネスの人になって、視点を変えて自分の病気を考えてみる。「もしこの辛い病気がなければ、自分は病弱な人の苦しみを理解できたろうか？」自分は多くの人の病気の苦しみを理解できない人間になっていたかもしれない。人の苦しみを理解できないために、心がふれあう人とも友人になれなかったかもしれない。傲慢で嫌な人間になっていたかもしれない。苦しんでいる人を傷つけるような人間になっていたかもしれない。そのような考えが、病床生活を豊かにするということはないだろうか。

その時の講演で、マインドフルネスについて、エレン・ランガー教授は述べている。

マインドフルであるということは、不愉快な気持ちを避ける方法である。そして、周りの人もよい気分にする。それなのになぜ多くの人はそうしないのか。

その理由は、一つの固定観念にある。

つまり、「考えること、思考は困難で大変である、ストレスを生むものである」と考えてしまっている。

ストレスを生むのは、考える、思考するということではなく、単一の展望視点からの思考、つまりマインドレスな思考である。

ストレスというのは、イベント自体の関数ではない。皆さんが、イベントに関して持った視点、観点に基づく、その意味での関数である。

だから、これはマイナスだ、ネガティブだと思った場合、その視点でとらえたそのイベントは、ネガティブに、否定的になってしまう。しかし、イベントそのものがネガティブだということではない。

それを見ている皆さんの考え方、視点というものがネガティブ、否定的であるという事に過ぎないのである。

貧しい人生をつくるもの

選挙に立候補した人が、夜、思わず電信柱にお辞儀したという話を聞いた。

気持ちはわからないでもないが、典型的なオートマティックな行動であり、気持ちが現実と接していない。だから、電信柱という現実のものが見えていない。

つまり私たちは、日常的にある人たちからあるサインだけを取り入れて、ほかのサインには気がつかないでいるかもしれない。つまり尊敬してもいい人を尊敬しないで、逆にマネキンのような人に頭を下げているかもしれないのである。

受験の世界に浸かっていると、学力テストの成績という一つの視点からしか人を見られなくなり、成績が下位の人を軽んじるようになっているような人が多い。そういう人の周りには、やはり同じような考えの人が集まっている。

長い人生を考えたら、一刻も早く改めた方がいい考え方であるが、上手くいっているうちはだいたいにおいて同じような思考の人間関係の中に居続けるため、そのままの考え方で年齢を重ねてしまう人が多い。高齢になって組織人ではなくなると、世の中の居心地が悪くなり、自分がいかに間違っていたかに気がつく。

私たちは日常接する人のどの点に自分の注意を払っているだろうか。

過去のカテゴリーにとらわれて、ある点だけに注意を払い、別の点に注意を払わないでいることはないだろうか。つまり日常生活でも、電信柱に頭を下げたりしていないだろうか。

従来のカテゴリーにとらわれた社長の悲劇

ベストセラーを出した出版社が、かえって損をするという話をよく聞く。こんなことがあった。

その時にベストセラーを出していた出版社で、たまたま社長が変わった。新社長は、金融の世界から来た人だった。

別の出版社の社長に挨拶に行って話をした。相手の社長の会社も、過去にベストセラーを出したが、それで大損をした経験がある。一時的に評判を呼んで大増刷したが、すぐに人気が落ちて売れなくなり、返品で利益を食いつぶしてしまったのである。だから、その社長は「ベストセラーは怖い」と話した。それは実は、ほとんどの出版社の人なら知っていることである。

それを聞いて、新社長は、注文が山ほどきているのに、増刷を打ち切ってしまった。

書店に「売り切れです」と看板が出るほど話題の本だったのに、新社長は見事に売り損ねたのである。

新社長の失敗は、本の内容を全く考えないで、ベストセラーというカテゴリーでしか見られなかったことである。新社長は、当たった宝くじを破いて捨てた。

ベストセラーやいわゆる「売れ筋の本」という、売ろうとする側だけの了解事項のようなカテゴリーではなく、たとえば「類書がない新機軸の内容」とか「旧来の作家がライフワークに挑戦」とかの新しいカテゴリーで本を見られる人がマインドフルネスな人である。新しいカテゴリーを作ることは過程を見ることでもある。

離婚して幸せになる人と不幸になる人

私たちが日ごろ、過程よりも結果にとらわれがちなことの一つに離婚がある。一般的に、「離婚＝失敗」というイメージがあり、それは「バツイチ」「バツニ」などの普通に通用する造語にも表れている。そしてこのイメージゆえに、もう心が離れてしまっているパートナーと暮らし続けている人もいる。

人生は出会いと別れだから、離婚も不思議なことではないだろう。離婚をしないということは、「いつまでも仲がよくていいね」といわれるかもしれないが、それだけのことであり、別にそれほど誇るべき事ではない。かえって、別れる時が来ているのに耐えて現状を維持することは、成長を拒否することでもある。

心理学者のヘレン・ニューマン教授とエレン・ランガー教授が離婚に関して調査を行ったところ、「結婚生活の終了」を元の配偶者のせいにした人のほうが、自分の状況に対して考えられる数多くの解釈を見出した人よりも、長いこと苦しむとわかったのだった。[48]

つまり、異なった視点を持てる人の方が、離婚後の苦しみは長く続かない。

同じ離婚という体験をしても、ある人は長く苦しみ、別の人は長くは苦しまない。このことは、離婚という事実そのものが人を不幸にするのではなく、それをどう解釈するかが幸福か不幸かを決めるということを示している。その人がどのようなパーソナリティーかということが、人を不幸にもするし、幸福にもするのである。

この研究成果を、逆境に適用してみると次のようになるだろう。

逆境に弱い人は、自分は逆境に苦しんでいると思う。ことに「なぜ逆境になったか」を人のせいにしている人は逆境に苦しむ。「なぜ逆境になったか」をいろいろな視点から考える人は、そうでない人よりも逆境に苦しまない。

たとえば、あなたが嫌がらせをされたとする。

あなたは不愉快になる、腹を立てる、落ち込む、立ち上がれない、イライラする。しかしふと考える。嫌がらせをする人はどういう人であろうか。欲求不満な人である。自分に嫌がらせをした人はそれだけ欲求不満なのである。

自分はそんな嫌がらせをしない。「ああ、自分はそれだけ幸せなんだ」と気がつく。視点を変えれば、それは自分の幸せに気がつかせてくれた事柄である。

このような多面的見方のできる人は、同時に問題解決能力のある人である。

自分を変えることにエネルギーを注げ

視点を変えることができるということが、マインドフルネスであるということである。

苦しい時に、違ったコンテクストなら、「このように感じるか？」と自分に問いかけることがマインドフルネスである。

それは新しい情報に心が開かれていること、それは一つ以上の視点に気がついていることである。

先の永遠のテーマをあつかったベストセラーが動いている最中に、増刷を打ち切った新社長のような人は、新しい情報に心がまったく開かれていない。

ナポレオンに苦杯を仰がせたロシアの将軍クトゥーゾフのように、何事にも柔軟な対応が望ましい。一方のナポレオンは、迅速なモスクワへの進撃を、敵の領土征服という視点だけからしか見ていなかった。だから、敵地で守勢に立たされた時に対応ができなかったのである。後のヒトラーもナポレオンの過ちを繰り返した。あまりにも領土征服という願望が強すぎた。強すぎる願望というものは、常に危険と隣り合っている。

成功したいという思いが強過ぎると、その視点からしかものを見られなくなる。マインドレスになる。それがエリートの燃え尽き症候群、うつ病、不眠症、自殺、などである。

彼らは、「こうあってほしい」という願望が強すぎて他のことは考えられなくなっている。だから一本調子の人生になり、努力の方向を間違える。成功への道を歩んでいると本人は確信しているが、他人から見れば明らかに破滅への道であることもある。

「敵の領土征服という視点だけからしか見ていなかった」ナポレオンやヒトラーと同じである。

人は不安であれば不安であるほど、実は自分の心の条件を変えようとしなければならない。

もっと、自分を変えることにエネルギーを注ぐべきである。

私がここでいう「自分を変える」とは、より自分自身になることである。

決して自分以外の自分になろうとする努力ではない。そんな努力はあなたを消耗させるだけである。

イヌになろうと努力しているネコをどう思うだろうか。その努力の方向は正しいだろうか。

だが、自分が変わるとは、今よりももっと自分自身になることである。このための努力の方向は間違っているだろうか。

そういうことである。

いつのまにか破壊されている心

マインドレスになっている時には、自分が今そういう状態であるということに気がついていない。そこが恐ろしいところである。

「エリートであることに大きな価値がある」というとらわれに気がついていない。そこからのドロップアウトを恐れて無理を重ね、うつ病になって初めて、エリートへの自分のとらわれが、自分の心を破壊していたということに気がつく。

ナポレオンを破ったクトゥーゾフは、フランス軍の「侵略のルート」はロシアの冬や延び切った兵站《へいたん》線などの条件の中では、厳しい「敗北のルート」に変わっていくと考えていた。

MLBのホームラン王、ベーブルースは三振王でもある。しかしそれは、三振を恐れなかったことの証左である。三振したくないからと、当てに行くバッティングをしていたら、歴史に残る活躍ができただろうか。

若い頃の成功にいい気になって、年をとってから失脚する人のなんと多いことか。

宝くじが当たって金銭感覚を狂わせ、不幸になる人も多い。多いというよりも、程度の差はあるが皆そうであるといったほうがいいかもしれない。幸運のトビラでなく地獄のトビラが宝くじである。

私たちは、このクトゥーゾフの性格の中に、マインドフルネスな心の状態の基本になる特徴を見出すことができる。

一方、ナポレオンの強迫観念にとりつかれたような性格は、見事な鏡像（左右が逆に見える）を提供している、つまりマインドレスネスの肖像画になっている。

ナポレオンと同じ過ちを私たちも日常の中で行うことがある。それが仕事の成功の強迫的追求である。社会的名誉というものしか目に入らなくなっているときには、ちょうど名誉がナポレオンの「モスクワ到達」と同じになっている。

名誉を得たときにどうなるか。それはナポレオンがモスクワに到着したときと同じであろう。名誉を得てみたらそこにあったのは「ロシアの冬」である。

ナポレオンが、焼け尽くされた都市から、またロシアの冬から退却する以外に選択の余地がなくなったまさにその瞬間をとらえて、マインドフルネスな老将軍クトゥーゾフは、ナポレオンの軍隊に襲いかかったのである。

のちにヒトラーがナポレオンの過ちを繰り返した時も、まったく同じ経過をたどった。まさに教訓的な事例だといえるだろう。

強迫的に名誉を追求した者が、名誉を得たときに味わうのが「ロシアの冬」である。兵站を絶たれるというのは燃え尽きることである。フランス軍が「寒さ、風、雪、そして氷との悪戦苦闘におちいった」のと同じように、成功にとりつかれたビジネスパーソンも悪戦苦闘する。

ナポレオンの敗走が、ビジネスパーソンの昇進うつ病に重なる。昇進するまではよかったが、その責任が重荷になって挫折する。その勝利の過程で、そのビジネスパーソンの「内なる力」がどんどん壊滅されていっていたということである。そのことに本人が、気がついていない。

クトゥーゾフがナポレオンの「侵略のルート」をロシアの冬という状況の中で考えたように、名誉とか仕事の成功を人生全体の中で考えることができるのが、マインドフルなビジネスパーソンである。

「侵略のルート」という視点は、そのままエリートコースで頑張っているビジネスパーソンの視点である。それが人生のすべてになってしまっているのである。マインドフルなビジネスパーソンにとってそれは、幸福のひとかけらに過ぎない。

独創的な人になるために

古い心構えから自らを解き放つことができる人は、科学者であれ、芸術家であれ、コックであれ、独創的な人だ。

また同じように新たな情報や驚きに心を開き、いろいろな視点から状況をとらえることができ、結果よりも過程に集中できる人というのも、独創的な人だ。これがマインドフルネスな人である。

マインドフルネスな人は古い心構えやカテゴリーから自由になったり、驚くような結果の意味に注意を払ったりするものである。

新しいことに接して、ちょっと視点を変える。そういう小さな自分を変える行動によって幸せになる。

この視点を変えるという行動を、カレン・ホルナイのいう「内なる障害」（inner obstacle）が邪魔しているのである。[49]

自分自身の「内なる障害」とは何なのか。それを突き止めることが幸せへの鍵である。

五感で感じなければならない

春を体験するとはどういうことか?

春にはタンポポの花が咲く。野原でつくしが芽を出す。サクラも絢爛《けんらん》豪華《ごうか》に満開になる。

その下で人々は食事をする。

みなそれぞれに春の匂いがある。春の色がある。空にはヒバリが鳴いている。

そうした匂いと色と音で春が来る。匂いがなければ鼻は春を感じない。色は目から、音は耳から、人の心を浮き立たせる。

春を体験するとはそれらが総合されたものを体験することである。その春は匂いと音と色と全ての五感で感じられるものが含まれた春である。眼に見えるサクラの花だけでは、眼に見えるタンポポの花だけでは、春は活き活きしたものにはならない。

人生も同じである。仕事の能力も、人間関係も、その人の五感も、全て含めて人生である。

人はゴボウを見ているときにゴボウを「見ている」という。確かにゴボウの形や色を見ている。しかし同時に、ゴボウの匂いから触覚まで含めてゴボウを体験しているのである。ゴボウを見ているときに、ゴボウの感触まで体験できてゴボウなのである。

これら全てを含めてゴボウを体験している人と、五感抜きに本当にゴボウの形だけを見ている人ではゴボウは違う。

もし知識として知っているだけで、五感で感じた経験がなければ、春が来ても心は浮き立たない。五感が衰えるとは、生きるエネルギーが衰えるということだ。新しい視点を持つエネルギーを失ってしまっているということだ。

危機に対応する力の差を生むもの

アメリカの心理学者ロロ・メイはこういっている。

人間は、危機状況に遭遇したときの処理能力の点で、大いに異なっている。[50]

これまで述べてきたように、この処理能力の差は、置かれた状況を判断するための視点の数や角度の差ということになるだろう。

マインドフルネスとマインドレスネスでは、起きた事柄を解釈する視点が違う。今の時点だけの白黒の判断か、過去からの因縁を加味するか、将来に資するかどうかなど、起きた事柄を解釈する時間的枠組みも違う。

さまざまなことで苦しんで倒れる人は、人生の出来事を「流れ」として取っていない。「そう来るか」「それもあり」「それも、人生よ」と現実を受けとめていない。

物事は突発するのではなく、それが起きる流れがあるのだということをわかっていれば、何かが起きた時に多面的視点から考えることができるようになる。

しかし、ナイル川が氾濫するから、肥沃な土地ができる。

ならばどう手を打つのか……というプロセスを踏んだ思考が生まれてくるのである。

今の時点の白黒に執着する人は、氾濫をせき止めることだけを考える。こういう人は、それができなかった時には諦めて佇《たたず》むことしかできないだろう。

多面的視点を持つ人は、氾濫は防げなかったが、これをどうプラスにつなげるかを考えることができるのである。

不幸を受け入れて視野を広げる

視野の狭い人は不幸。不幸だから視野が狭い。

離婚という不幸を受け入れられない。

不美人だから不幸、太っているから不幸。

そういう人はマインドレスネスな人である。

不美人ということを受け入れれば感じの良い女性になる。

マインドフルネスな人である。

あの人よりもっと美人になりたいという美人は感じの悪い顔になる。

視野を広げるということは、不幸を受け入れるということである。

視野を広げれば問題は解決する。

不幸を受け入れれば、問題は解決する。

当事者の悲劇は第三者の喜劇という。当事者と第三者では視点が違うから。

『夜と霧』の作者である心理学者のフランクルがいうように、人生を考えるには、「成功と失敗」の軸と「充足と絶望」の軸がある。

成功していても絶望している人がいる。失敗していても充足している人がいる。

成功と失敗の軸で動いている人がいる。成功しても誇りなし。そして自分に絶望している。心が充足していないから。

「逆境が最大の学校」というのも、よく聞く言葉である。「苦労しない人は駄目」と、親にいわれたことのある人も多いだろう。

利益になる、得するということだけで、合理性だけで生きてきて、成功して、人生は順調に見えても、最後にはうつ病になる。

社会的、合理的という視点で考えて意味あることが、生きている意味になっているとは限らない。

バカらしい苦労が、実はその人の生きている意味になっていることもある。

社会的に意味あることだけをして、優秀な学歴を得て、うつ病になることもある。

うつ病になってみれば、学歴は生きている意味という視点からすればなんの意味もないことが理解できる。

それが価値達成タイプの人と躁うつ病が相関しているということでもある。

多くの視点から「今」にフォーカスする

自分の器の中で人生を楽しむ。

自分のない人は、
他人の尺度で自分を見ている。
立ち直れる人は、自分が好き。

シーベリーはこういっている。

自分自身でありえないなら「悪魔になった方がまし」だ。[51]

大切なのは「今日を摑《つか》む」ことなのである。

恋人と会っている間は、その時間を楽しんでいる。「私と会ってくれてありがとう」という感謝にエネルギーを向ける。

それが今を生きる人。

長い人生の旅を経て最終的に人生の意味にたどり着く。

今を生きていれば、人生のいかなる段階でもあなたを前進させる。

なぜなら、きちんと過程を踏んで生きているからである。次なる成長のために、自分の人生を準備しているからである。

成長とは意味を獲得する活動的なプロセスである。

精神的成長は生涯続く。

自分を評価する時に、結果に視点があるか、過程に視点があるか、それをよく考えた方がいい。その違いは大きいのである。

第三章

「とらわれないアタマ」に作り変える

「とらわれ」から逃れられないように育った人もいる

何かが起きるといつも自分だけを責めてしまう「被責妄想」の人や、自己評価が低く劣等感の強い人は、他人が怒っている時に、実際には自分とは関係ないことであっても、自分に対して怒っていると解釈してしまう。

他人の怒りの原因を、自分の弱点と結びつけて解釈してしまうのである。

つまり被責妄想と低い自己評価とは関連している。

もし高い自己評価なら、そう解釈することはないだろう。自分に対して怒っているとか、自分を責めているとかいう理由がないと思うからである。

被責妄想の人は「顔色が悪い」といわれると、責められたと思う。いつも元気にしていなければ責められた過去があるからである。

ある被責妄想の人である。

小学校の時に学校で熱を出して母親が呼ばれた。すると家で母親から怒られる。こんな忙しいときに「病気なんかになって」と責められた。

またある被責妄想の人は、小さい頃から熱があるのに病気を隠して家事の手伝いをした。それは病気になると家の手伝いもしないと責められたからである。いつも元気でないと責められる。病気になると嫌な顔をされる。

エレン・ランガー教授は、マインドフルネスを提唱した著書[52]の中で、

一度あることを体験すると、二度目に同じ状況に遭遇したときには、最初の体験に固執するようになるという心の傾向がある。

と述べている。そしてこうした傾向を「とらわれ（＝早発的認知拘束）premature cognitive commitment」と呼んでいる。それは熟考するまえに形成されてしまうという。

可塑性《かそせい》を持ったシナプスによってニューロンをつないでいくと、特定の働きを持ったニューロンの連絡網ができる。年をとるにつれてニューロン間の連絡が次第に密になっていく。

条件反射というのはそこに新しい連絡網ができることである。

脳の中のニューロンと、その標的となるニューロンとの間にシナプスが新しくできる。その時に、「あー、わかった」となるのである。勉強していくと、このニューロン間のシナプ

スがたくさんできる。

自分の頭で考えて、考えて、悟りを開くようにして「わかった」という時にニューロンの連絡網ができたと考えていいのだろう。

ところがこれがいつも責められていると、実際に責められていなくても責められたと感じてしまう。

たとえば父親はいつも子どもを責めることで、父親自身の感情処理を行っている。父親が自分の感情処理ができないで機嫌の悪い顔をしている。そういう時には父親はいつも子どもを責めている。

そうしてその子が大人になる。

実際には不機嫌な顔そのものが、自分を責めているわけではない。小さい頃、父親は不機嫌な顔をしてから、子どもを責め始める。だから実際の経路は「不機嫌な顔」――「子どもを責める」――「子どもは責められたと感じる」という経路である。

しかしこれがいつも続いているうちに、そこに新しい神経回路ができて、もともとは関係がなかった「不機嫌な顔」と、子どもは「自分は責められたと感じる」を結びつけてしまう。

するとその子は大人になって、他人が不機嫌な顔をすると「自分が責められた」と感じてしまう。これが「被責妄想」である[53]。

「あの人、出世したんですって」と妻にいわれて、「お前は出世していない」と責められていると思ってしまう夫もこれである。

幸せを感じるために脳を作り変える

小さい頃から失敗するといつも責められた。

そういう人が大人になると、失敗しても失敗したと認めなくなる。

実際は失敗を認めないことのほうがその人の価値を下げる。失敗や弱点を認めても、その人の評価は、接している仲間の中では下がらない場合が多い。誰もが何らかの失敗はするし、弱点も持っているから、いわゆる「お互いさま」なのである。

では失敗を認めると責められると思っている人はどうすればいいか。

それは失敗をすると責められた小さい頃の体験を、自分の中から消去することである。

それを可能にするのが、マインドフルネスの態度である。

もちろん簡単にはいかない。時間がかかるかもしれない。心がけながら、だんだんに、新しい視点から現実を見られるようにしていくのである。

「マインドフルネスになる」とは、この場合、「小さい頃の体験から生じた感情を消去する」ということになるだろう。

「そのように感じろ」という神経の回路がすでにできあがっているのである。だから実際には責められていなくても責められたと感じてしまう。

それは昔の不快な感情の再体験である。

最初は、それをやめると決心することである。

そして「今の現実に即して感じよう」と決心することである。

その決心が、脳に新しい神経の回路を作る。

脳のリハビリと思えばよい。何度も、何度も繰り返すことで新しい回路ができる。

大人になってからも、小さい頃できあがった神経の回路で生きているとどうなるか。

実際には責められていないのに、責められているといつまでも感じることになる。そしてその結果、責められることから自分を守ろうとする。不必要ないいわけが始まる。

さらに責められたと感じることから怒りが生じる。

こんなに一生懸命頑張っているのに責められたという怒りである。

もし実際に責められたとしたら、その怒りはもっともな怒りなのである。だからなかなかその怒りは収まらない。

規則通りに扱われると怒る人

精神科医のカレン・ホルナイは、神経症者は規則を嫌うという。

なぜ嫌うのか？　なぜ怒るのか？　それは自分の価値が否定されたと思うからである。自分の人格が否定されたと思うからである。

たとえば、たまたま入ったレストランに日本食がないといって怒る。

お店で「このサービスは四時でおしまいです」といわれたことを、自分の価値が否定されたと解釈する。そして怒る。

規則通りに扱われるということは、公平に扱われたということなのであるが、そのことを不公平に扱われたと思ってしまう。そのように感じてしまう。

カレン・ホルナイは、神経症者は公平に扱われても不公平だと思うというが、その通りである。

その反応は幼児期には正しかった。幼児期には確かに不公平に扱われていた。その結果その様な反応をするようにニューロンのネットワークができてしまっている。

何かを断られると、自分の人格が否定されたように思い、落ち込む。これも幼児期には確かに、なんでもないことで人格が否定されていた。それゆえにそのような反応をするようにニューロンのネットワークができている。

すべて再体験（＝できあがっているニューロンのネットワークをインパルスが走ること）である。

恋人の「気づかいの言葉」に激怒した人

小さい頃から、本当に真剣に自分のことを一度も考えてもらえなかった子どもがいる。病気になっても母親は薬を与えて「大丈夫よ」というだけだった。

その病気も、母親が気がついたのではなく、子どもが熱があると母親に訴えて初めて薬をもらえたのである。病気だからお医者さんに連れていってと頼んで、初めてお医者さんに連れていってもらえた。

父親も母親も一度として真剣に子どものことを考えない。

子どもは父親の喜びそうなことをいって毎日を暮らしていた。父親にとって子どもは自分の精神安定剤であった。父親は不愉快になると子どもに怒りを吐き出す。

そのように常に軽く扱われて育った人が、大人になって恋愛をした。そして体調を崩した。

その時に恋人は、その人のことをいろいろと真剣に考えた末に、「大丈夫よ」といった。

ところがその言葉を聞いて彼は怒った。恋人の言葉に激怒した。

幼い日からの蓄積された無意識の憎しみや恨みが一度に爆発したようであった。

彼は、その「大丈夫よ」という言葉を聞いて、小さい頃の母親の言葉と同じように感じたのである。

つまり真剣に考えないで軽く扱われたと感じたのである。

確かに、彼が少年の頃、病気になったときには「大丈夫よ」という言葉は「真剣に考えないで軽くあしらうこと」であった。その感じ方は正しかった。

その言葉で刺激が走るニューロンのネットワークが脳内にできあがっている。

「大丈夫よ」という言葉は何度も、何度も同じ意味であった。その刺激は伝わりやすくなっている。

だからその言葉を聞いたときには、刺激は最も伝達しやすいニューロンのネットワークを通じて伝達された。そして彼は、「こんなに辛いのにまた軽く扱われた」と思い、激怒した。

小さい頃はその怒りさえ表現することを禁じられていたのである。

彼にすれば、その言葉はそうとしか解釈しようがなかったのである。

そして二人は別れた。

彼女はなぜ彼が自分の思いやりに激怒したかが理解できなかった。

ニューロン間を化学物質がつないで情報が伝わるわけだが、その情報が通りやすくなったり、通りにくくなったりすることはすでに知られている。

一口にいってマインドフルネスとは無心である。

マインドフルネスとは肉体的にたとえれば、血液をサラサラにしておくようなものである。

マインドフルネスな人は多面的視点から物事を認識できる。相手の立場からものを見られる。その結果トラブルは少なくなる。

自分にとらわれている人はトラブルが多い。

自分にとらわれている人は多面的視点から物事の認識ができない。「私はこの点で優れている、この点では優れていない」というような認識ができない。

批判されれば激怒する。激怒しないときには落ち込む。

得意になったり、落ち込んだりという心の揺れが激しい。

多面的視点から物事を認識できれば、何か批判をされたときでも、怒り心頭に発するということはない。また極端に落ち込まない。

人を見るときにも、相手の弱点と長所を理解している。

全ての点で自分が優れているとは考えない。だから、得意になったり、落ち込んだりという激しい心の揺れがない。

マインドレスネスな人は、自分に何か一つ不得意なことがあると、相手が「優れた人」になってしまう。その結果、深刻な劣等感に悩むことになる。

固定観念の正体を知る

マインドフルネスな生き方をすれば、人生における葛藤は明快にわかるほど減少する。先入観に支配されている家庭や職場において、柔軟に、もっとスムースに生きていくことができるようになる。

マインドレスネスの人は固定観念に縛られている。女はこうでなければいけない、男はこうであるなどという固定観念で生きている。

何かあるとすぐに駄目だと思い、他人を責めるか、自分に絶望する。

年をとると頑固になるというがそれは、もう新しいニューロンのネットワークができにくくなったということなのである。だから、できあがったニューロンのネットワークをなかなか変えられない。

被責妄想の人の脳内には、「責められる」というニューロンのネットワークができてしまっている。

ある県にイヤな思い出があったとする。例えば小さい頃その県にあるデパートで迷子になったとする。

するとと大人になってもそこを避けることがある。

普通の人はイヤな思い出のあるコーヒー店を避ける。楽しい思い出のあるコーヒー店にはまた行こうとする。

あるいは人は自分が電話をかけやすい人に電話をかける。親しい人には電話をかけやすい、話しやすい。

人間の社会でもそうして情報は伝わって行く。それが人脈にもなっていく。

人には行きやすい店がある。心身共に疲れていればその店に行く。

それと同じことが脳の中で起きていると考えればいい。そのネットワークを変えるということは難しいことである。人脈を変えるのと同じである。

だから、マインドフルネスになることは並大抵なことではない。

つまり電話をかけにくい人にかけ、少しずつ話しやすい関係になっていく。繰り返し、繰り返し電話をかけることで、その新しい人にも同じようにかけやすくなり、ついに新しい人が話しやすくなる。こうして新しいネットワークができてくる。

悩みを乗り越えるためにマインドフルネスな人になっていく。しかしいっぺんにマインドフルネスな人になれるわけではない。

マインドフルの場合は、心がオープンな場合であり、そしてアクティブにいろいろなことに気がついている状態である。そして今まで気がつかなかった新しい事に気がついている心の状態である。

それは別の言葉でいえば、自己実現をしている状態である。したがって、「今」にいられる。それから、心が「今」にきちんといるので、複数の視点からものを見られる。

過去のカテゴリーで人も自分も判断しないこと、この姿勢が楽しく充実した人生を送るには大切である。

年をとっていても、諦めずに「マインドフルネスになろう」と心がけていけば、肉体的には視野が狭くなっても、心の視野は広げていくことが可能である。

それは高齢になってからの不安や心の苦しみから逃れる一つの手段である。

不快な感情をどうコントロールするか

学習していくということは、新しいニューロンのネットワークができてくるということである。だから、繰り返し解釈をしなおして、楽観的な解釈ができるようにすることが必要になってくる。

具体的な方法として、アーロン・ベックの論理療法やアルバート・エリスの論理療法などがある。アーロン・ベックは、うつ病者と心理的に健康な人との違いは解釈であり、体験は同じだけども、体験に対する解釈が違うのだといっている。

また、ダニエル・ゴールマンは次のようにいっている。

不快な感情をコントロールする能力は、精神の幸福を得るカギだ。[54]

今の不快な感情を違った視点から見られるようにする。

目の前の現実は、当たり前の視点からは嫌なことでしかないかもしれない。それを、別の視点から見ることで、今起きた現実が自分にどうプラスになるかというように、できるだけ見方を変えていくのである。

一個の人格というものは、物心ついて以後の各々《おのおの》の試行錯誤でできあがっていく。

子どもは試行錯誤の内に思考と行動の様式を発展させ、しばしば模倣することによって刺激されます。[55]

と、臨床心理学者のジョージ・ウエインバーグはいっている。

一旦知覚の方法が確立すると、それにかなった行動をする。従順な子どもは愛を得るためにはお行儀よく振る舞い、邪魔をしたり、騒いだり、自分の意見をいったりすることのないようにする。年とともにその子は自分の望みではなく、人々の望みをかぎわける達人になる。

他の子がその子を低く評価するのは、彼が自分の意見を持たないからだということがわからなくなっている。

人はうまくいった行動を繰り返す。各人の性格はそれ自体安定したものとして、現在の傾向を続ける。

これはジョージ・ウエインバーグによれば、性格特徴の同一性の維持という。

子ども時代の重要性は、次の様な事実のうちにあります。心の状態や知覚の方法がいったん確立してしまうと、人はそれにかなった行動をし、それに逆らう行動を避ける傾向があるという事実です。[56]

エレン・ランガー教授のいうマインドフルネスも同じである。新しいニューロンのネットワークができることである。

マインドレスネスというのは、既存のニューロンのネットワークが維持されていることである。

二メートルのドアを、大きな板と思えないのはマインドレスネスである。二メートルのドアは二メートルのドアである。単なる「板」という新しい概念でとらえられない。これがマインドレスネスである。

同じように大切にされても大切にされていないと思う。それはそこに板があるのに、ドアしかないと思うのと同じである。

多くのトラブルを引き起こす人

家に帰って来た時に、「遅かったね」といわれたとする。

多くの人にとっては心配してもらえて嬉しい気持ちになるだろう。

しかし小さい頃から、親にいつも監視されて成長してきた人にとっては、非常に不愉快な言葉になる。ずっと親から監視されて生きていたことの重苦しさがよみがえるからである。

いいしれぬ不快感を再体験するのである。

「遅かったね、ご苦労さま」という愛情の言葉が、極めて不愉快である。

それが愛情の言葉であるか、人を信じない束縛の言葉であるかに関係なく、そういう人を不愉快にする。

ことに「親子の役割逆転」をして親が子どもにしがみついているような場合には、子どもは親にしがみつかれた不快感を毎日味わいながら成長している。

それは子どもの心に染みこんで、なかなか消えるものではない。束縛に伴う不快感は脳に刷り込まれてしまっている。

時代が変わり、状況がすっかり変わったのに、昔の状況と方法で今の事件に対応しているようなものである。確かに昔は、その方法が有効だった。

しかし小さい頃にやった努力を認められて育った人と、認められないで育った人といる。やった努力を認められないで育った人は、人が「頑張って」といえば「人の気も知らないで」と傷つくかも知れない。

「頑張って！」という言葉も、いい加減な気持ちでいう人もいれば、真剣に相手のことを考えていう人もいる。

怒られる場合でも違う。

親が子どものことを考えて、子どもの将来を心配するから叱る。

しかし親が子どもを叱るときにはそのような場合だけではない。親が欲求不満でイライラして子どもに当たる場合もある。親が欲求不満を晴らすために子どもを叱りつけることもある。

つまり親が子どもを叱る動機は親の愛情の時もあれば、親の自己執着から来るさまざまな感情処理のための時もある。

同じ叱る、怒るでもその言葉の内容は同じでも、相手に与える影響は全く違う。

そして問題はそうしてそれぞれの親と接しながら、子どもが大人になったときである。

大人になって人から何かいわれる。その時の感じ方がそれぞれ違う。

親の欲求不満に苦しめられて育った人は、大人になって相手が愛情から何かをいっても、不満からいわれたと感じて傷つく。怒りを感じるかもしれない。

たとえば「なんで?」と会話の中でいわれると、後者の人の場合は「責められた」と感じる。

その感じ方は子どもの時には正しかった。いつも「なんでなんだ」と責められて生きてきたのだから。

しかし大人になってみると、相手は疑問に思って単なる質問として「なんで?」といっている場合がほとんどである。それなのに、相手を酷《ひど》い人だと思い、傷つき怒る。あるいは落ち込む。

恋人からいわれて別れようとする人もいる。そうして次々に自分の周囲にいる誠意ある人たちと関係がなくなっていく。周りに残るのは誠意のない、都合のいい時に利用しようとする人ばかりになる。困ったときには誰も助けてくれない。

そんなときに被責妄想の人は、周囲の人々を冷たいという。しかしその冷たい人だけを大切にして生きてきたのは自分なのである。温かい人を自分が「酷い人」といって切ってきたのである。

被責妄想の人が大人になってから良好な人間関係を維持するためには、自分が相手のいうことを昔と同じ受け取り方で受け取っていないかどうかをいつもチェックする必要がある。視点を変えなければ、生きていけない。

エレン・ランガー教授は、マインドレスネスな人は、人生のトラブルが多いというが、その通りであろう。

愛をもらった思い出があるか

『母さんの歌』を知っている人は多いだろう。幼い頃に夜遅くまでかけて手袋を編んでくれた母を想う、あの歌である。こういう思い出こそ、大人になって困難にぶつかったときに、その人の心を支えてくれるものである。

そして「この母親の姿」こそ、その人に自己尊重をもたらすものである。無論その対象は父親でも祖父母でも兄弟姉妹でも、親戚または親しい他人でもありうる。

自分は愛されている、自分は受け入れられている、この感覚はこうした思い出から生まれるものである。そしてこの感覚無しに人は幸せになることはできない。

この思い出のある人は、莫大な遺産をもらった人などとは比べものにならないほどの財産をもらったことになる。莫大な遺産は人を必ずしも幸せにはしないが、この思い出は必ず人を幸せにする。

小さい頃のこのような思い出に勝てる力はない。

小さい頃にできてしまったニューロンの回路は、そう簡単に壊れるものではない。自己尊重につながる思い出のある人が、大人になって多少人から疎《うと》んじられても、幸せは揺るがない。それくらいのことでは自信は揺らがない。それが小さい頃にできたニューロンの回路の強みである。

逆に自分は愛されていないというニューロンの回路ができてしまった人は、その自己蔑視《べっし》の感覚から抜け出すことが難しくなる。生涯人を信じることができないまま淋《さび》しく人生を終わることがほとんどである。

扁桃核《へんとうかく》には内臓感覚のような体内感覚をも含めてありとあらゆる感覚情報が集められる。それが海馬《かいば》等と照らし合わせて好き嫌いが判断される。扁桃核が集めた情報が楽しければ快の記憶として海馬に記録される。たとえば海で楽しいと子どもが感じれば、次には海が好きになる。[57]

被責妄想の人はニューロンの新しい回路を作る努力をすることである。
それがマインドフルネスな人になる努力である。

対人恐怖症を生みだすもの

小さい頃、親からいつも怒られていた。親から怒られることが恐かった。親がいてもいなくてもいつもビクビクしていた。そして、なぜそんなに怒られるのかがわからなかった。

そうなれば大人になっても、意識はしていなくても、人と会うのが恐くなる。いつ相手に怒られるかがわからないからである。

小さい頃に親から怒られた恐れは、そう簡単に消えるものではない。

愛情から怒られるのと、憎しみから怒られるのとでは全く違う。親が憎しみの塊《かたまり》であるような場合、怒られた子どもは震え上がる。

その恐怖の震えが扁桃核に記憶されて、大人になってもいつも怯えている。同じような状況で再体験をしてしまう。

対人恐怖症の人が人を前にして理想の自分を演じようとするのは、そのためだと私は思っている。つまり理想の自分であれば、叱責されることがないからである。

とにかく叱責されることが恐くて怯えている。小さい頃に、人といて楽しかったという体験がない。

「いつも恐かった」となれば、対人恐怖症になっても不思議ではない。

成長期に自分にとって重要な他者が憎しみの塊であって、その人からいつも叱責されていたら、恐怖症の神経回路ができあがって当たり前である。

自分の弱点が恐い。それは常に叱責の対象になるからである。その弱点ゆえに劣等感にさいなまれる。

だがしかし、弱点そのものは問題ではないのだ。その弱点を自分にとっての重要な他者が拒絶したか受け入れてくれたかが、問題なのである。

小さい頃に弱点を責められていたら、大人になっても人といて居心地がよくない。人とつきあうことが楽しくない。

依存心の強い幼少の時代に、自分にとって重要な他者と直接面と向かった時に受ける恐怖感、それは扁桃核に焼き付く。相手に頼らなければ生きていけない無力な時代に、顔と顔を合わせる相手から受ける叱責は、後々まで恐怖感を残す。

小さい頃、イヌに嚙まれた子どものことを考えれば理解できるであろう。それも何時も、何時もイヌに嚙まれていたら、イヌに対する恐怖感が大人になっても消えないとしてもそれは理解できる。

それは知的記憶ではなく、感情的記憶である。

常に人に対する怯えがある以上、人とまともなコミュニケーションはできない。心のふれあいはない。

「お前の頭が悪いからこうなのだ」と責められて成長すれば、大人になって何か望ましくないことがあれば、それを自分の弱点と結びつけて解釈するのは当たり前のことである。

成長期に「恐い」という感覚が心に染みこめば、生きていて楽しくない。人と会う度に

「恐い」。人と会っていない時にも「恐い」。

そうなれば生きるのが嫌になるだろう。

「安心感」が満たされているか

私たちは、日常生活を送る中でさまざまな不愉快な感情に苦しめられる。

誰でも、不愉快な感情は避けたい。でも、避けられない。「心身の不調を含めた」不愉快な感情に不可避的に襲われる。誰でも、心身の不快な感情を適切にコントロールしたい。しかし思うようにはいかない。

側から見ていると順風満帆な人生を送っているように見える人が、高齢者になってからうつ病に苦しむこともある。そうかと思えば、若い頃に病気や逆風に苦しんでいた人が、高齢者になって元気に暮らしていることもある。

人生は思い通りにはいかない。計算通りにはいかない。

それがわかっていながらも、なんとかして、心身の不快な感情をできる限りコントロールしようというのが、マインドフルネスである。

　ある男性が、五十歳を過ぎた頃から慢性疲労症候群で苦しんでいた。その人は、小さい頃から、親を含めた周りの人から、「プーちゃん」といわれてからかわれていた。

からかわれるのが嫌だという気持ちを汲《く》み取ってもらった体験がない。そしてさまざまな病気を経験しながら、人生後半になって、慢性疲労症候群になったのだ。

　この人は実は、小さい頃から慢性的に疲労していた。小中学校も疲労から休みがちだった。もちろん疲労といっても肉体的な原因で体が疲れているのではない。心の病で肉体的に疲労しているだけである。心の病が肉体を通して表現されてきているだけである。

　心が原因で肉体的に病気になっているのだから、外科的に悪いところを切ってしまえば治るというものではない。

　ある幼稚園の先生が、病気がちな子は、両親の関係に問題があるといっていたが、その通りであろうと私は思っている。

　幼児は信頼する親から理解されて、安心する。

　それは安心感という基本的欲求が、その人を心身ともに満足させるからである。

　親が子どもの話を聞いて、「そーなの」と深くうなずいてくれると、子どもは心身ともに安心する。「自分の気持ちをわかってくれた」と感じて満足するのである。

「この自分でいいのだ」と思って、子どもは心身ともに安心する。それが子どもの心を成長させる。

親が「わかってくれる」という気持ちを持って成長した子どもと、「全くわかってくれない」と思って成長した子どもでは、その人生には天国と地獄の違いが出てしまう。

「ビリ」になっても抱きしめてくれる親がいることで、子どもは自信がつく。四着でも、「四着で嬉しい」という親の感情で、子どもは自分に自信がつく。子どもは親の評価で自信がつくのではなく、親の感情で自信がつく。

子どもとしては、比較しないで誉めてほしいのである。

こんな私、こんな僕だけども、あなただけは、こんな私のいいところも知っている。

親が「そーなの」と深くうなずいて話を聞いてあげると、子どもは安心すると先に書いたが、別の言葉でいうと、子どもは家に所属感を持つようになる。その結果、その子は劣等感に苦しめられない心身の健全な少年、青年に成長していく。

この体験がないと、人は生涯心の深いところで、不安に怯え続ける。劣等感に苦しみ続ける。辛い人生に消耗する。

安心感という基本的欲求が満たされないでいれば、根源的不安は心を始め、身体化症候群など、いろいろな形で表現されてくる。その結果「心身の不調」に苦しめられる。

「誰もわかってくれない」という気持ちは地獄である

子どもをいじめることで自分の心を癒している親は、比較を武器にしている。

こういう親を持った子どもの人生は「地獄」である。どんなことも誰かと比較され、劣っているの、上手くできないのといって責められ続ける。だから自ずと人生がしんどいものになってしまっていることが多いのだが、こういう人が大人になった時に、大切なことがある。

それは、自分が地獄に生まれたということをしっかりと自覚することである。

それを自覚することで、「自分はなぜこんなに、生きるのが辛いのか？」を考えるようになる。

その苦しみには何か意味がある。自分に何を教えているのか？　と考える。

そして苦しむ中で道が見えてくる。

「プーちゃん」と呼ばれてからかわれていた子どもは、自分の気持ちを、周囲の人が誰もわかってくれないので、なおさらいつもプーとしていたのである。

「誰もわかってくれない」と思う気持ちは、子どもにとって地獄である。だからいつも不満で、自分という存在も周囲の人の存在も何もかもが面白くない。不満そのものであった。そして、小さい頃から生きることが不安であった。心身ともに深刻な問題を抱えていた。

そしてその不満そのものの存在を、さらに皆に、「プーちゃん」とからかわれて遊ばれていた。

その子の心に染み込んだ不満と不安が、大人になって身体を通して表現されてきたのが、言葉では表現できないほどの不快感である。「心身の不調」である。原因の掴めない慢性的不快感情である。

うつ病という言葉を通り越した、辛さと不愉快さである。まさにどうしようもできない不快感である。肉体的な不調などという言葉では表現しきれない心身の不快感である。認識と活動領域は縮小するばかりであった。

心の苦しみは、時に身体化症状となって表現されてくる。大人になって、理由のない心身の不調となって現れる人もいる。心の辛さにプラスされた、原因不明の「辛い」という肉体的な症状である。ただただ「辛い、もう生きられない」という、気持ちである。的確に口で表現できない心身の症状である。

他人に説明しようにも、自分にさえ自分のことを的確に説明する言葉が見つからない。

肉体的に深刻な問題があるわけではない。あくまでも自らの存在に対する深刻な心の不安が、身体化症状となって現われたに過ぎない。しかしそれは恐ろしく、吐き気、息苦しさ、肉体的痛みなどあらゆる辛さが一つに固まって、表現不能の辛さとなってその人を襲う。

そしてあらゆる精密検査が原因を探し出せない。心電図や、単純な血液検査などで、とらえることはできないことが多い。

ずるい人に利用されてばかりの人

人間が何よりも必要とするのは「保護と安全性」の願望である。

プーちゃんと呼ばれた子は、その保護と安全性を完全に剝奪《はくだつ》されてしまっていた。

子どもは周囲の人の関心を、自分に引き付けようとしている。

だから小さい頃、親から、自分のいうことに耳を傾けられた人は、充分に心理的な保護と安全性を与えられている。「そーなの」と深くうなずいて話を聞かれた子どもは、自分と世界をつなぐ所属感を持って成長していかれる。

しかし全ての子どもが充分に親の関心を得て育っているわけではない。それどころか自分の話をほとんど無視された子どもは多い。

そういう子どもは大人になってから、異常に相手の関心を求めるようになり、対象無差別に愛を要求する。

その結果、またもや周囲のずるい人から弄《もてあそ》ばれる。「都合のよい人」として扱われる。ずるい人にとってこんな利用しやすい人はいないからである。

結局、「プーちゃん」は、社会的に成長するに従って親兄弟から始まって、とにかくずるい人から利用され、遊ばれ、騙されて生きていくしか方法がなかった。

そしてそのこと自体に本人も気がついていない。

「あなた、ステキよ！」といわれた瞬間に、その人を信じてしまう。しかも信じることに持続力がない。だからいつも「ステキよ！」といってもらっていなければならない。

だから怪しげな宗教の人に、「この石を買ったら幸せになりますよ」といわれると、買ってしまうのである。

本当に不幸な人がわかっていないこと

プーちゃんは、もちろん自己主張などできなかった。自己主張したら嫌われると思ったからというよりも、自己主張ということ自体が理解できなかった。

プーちゃんは自分の欲求に素直に従って生きられなかった。

プーちゃんのような人は「見捨てられる不安」を理解できない。初めから見捨てられる存在としてこの世に生まれてきたのだから。

魚が水に気がつかないように、プーちゃんは皆に見捨てられていることに気がつかない。

魚が最後に気がつくのが水である。

自分が愛されていると感じる人は、自分の欲求に素直に従って生きられる。

見捨てられる不安がないから、自分の欲求を感じられる。

大好きな肉ジャガを食べて心が癒される。

美味《おい》しいな、とホッとする。

これが心の夕餉《ゆうげ》。
くつろぎながら、眠いなと思う。
そういう体感が幸せなのに、プーちゃんにはその体感そのものがない。
幸せも不幸もない。
不幸を知っている人はまだ幸せな人。自分が不幸であることをわかっているから。
味噌汁、お茶漬け、
「しょっぱいなー」という味覚をもったら、その人は幸せな人。
「しょっぱいなー」と感じることが、生きることなのだから。
プーちゃんには「しょっぱいなー」と感じる味覚がない。
「これを食べると親を思い出す」という食べものがありますか？
「ない」という人はまだ幸せな人。
プーちゃんは食べるものを作ってくれる人が「いたか、いないか」も忘れている。
要するに周囲に人がいなかった。
ほんとうに不幸な人は、自分一人で幸せを得られると思っている。
床屋さんで頭を洗ってもらうと気持ちがよい。

はだざわりのいい服を着ている。こう思える人は、どんなにボロを着ていて寒くてもまだ幸せである。

世界から常に拒否されていると思う

プーちゃんのような人は、心の葛藤を解決しなければ、薬を飲んでもお医者さんにいっても体調は引き続き悪い。

怒りは闘争、あるいは他の直接的形体で表現されるなら病気には達しない。[58]

プーちゃんの場合には、もちろん心の葛藤は、直接的形体で表現されない。

心の葛藤は、わけのわからない不快感となって間接的に現れる。身体化症候群となって肉体的に現われたり、理由もない無気力となって表現されたりしてくる。

どういう気持ちであるかを自分自身にも、周囲の人にも説明できない。

またきわめて興味のあることは、人々が表向きに器質的な病気になるとき、不安が消えていく傾向にあるということである。[59]

ガンや糖尿病のような、いわゆる「形のある」病気になって、「私は不安だ」とはっきりと自覚できた方が、本人には心理的に楽である。

もっとも苦しいのは、表向きに器質的な病気にならない時である。

ただ生きるのが苦しいだけで、自分はどう行動すればよいかが理解できない。

症状の目的は、せきとめられたリビドーから、生物体を守ることではなくて、むしろ、不安発生状況から個体を保護するためである。[60]

プーちゃんが、いつも疲れて病気で小学校を休むのはまさに、「不安発生状況から個体を保護する」ためである。

われわれは、何か一定の精神医学的病気のケースに見られる特定のもろもろの情動を個々別々に確かめることの重要性を軽視しようとは思わないが、不安が心的な共通分母であることを強調したい[61]。

彼にとって世界は常に自分を拒否している。彼に周囲の人が何をいっても、その言葉の意味は拒否である。被責妄想になっている。

被害妄想という言葉は日常生活でよく使われるが、被蔑視妄想とか被責妄想という言葉はほとんど使われない。

何か気に入らないことがあったわけでもないのに怒っている人がいる。日常生活では常に欲求不満である人がいる。

ある女性の相談である。

七十四歳の母親について、彼女は嘆く。

「母親は私のやることなすことといちいち気に入らない。その服は何だ。これを着ろ。あれを着ろ」という。そして着ないと機嫌が悪い。

相談に来た女性は、母親がなぜいつもイラついているのかがわからないのである。

なんで怒っているのかわからないような人は、強盗のような犯罪はしなくても、周囲の人には迷惑な存在である。

憎しみを原動力に、猛烈に働いてお金儲けをする人がいる。

そうかと思えば、お金を得るためなら手段は選ばないといって武装強盗する人もいる。

こういう人たちは、いい悪いは別にして、わかりやすいとはいえる。

なぜそうするかが周囲の人にはわかりにくい人こそ始末が悪い。

たとえば日常生活での何気ない言葉も誤解して受け取る。普通の言葉を、「自分は拒否された」としか受け取れない。

電話をしている相手が「それでは」といった。

その人は、「それでは」という言葉は、終わりを意味していると受け取り、すぐさま電話を切ってしまった。

相手は、「どういうことだろう」と呆然《ぼうぜん》とする。

人間関係を破壊する思い込み

被責妄想の人の場合にはもちろん、人間関係はうまくいかなくなる。

周囲の人にしてみれば責めているつもりなど全くないのに、責められていると思い込んで、いちいち気まずい思いをさせられるのであるからたまったものではないだろう。

多くの人は「あいつとは付き合えない」と思う。そして側から離れて行く。

被責妄想の人はもし、自分でなく相手に視点を変えて、話を聞いたら世界は変わってくる。相手は責めていないのだから。

先のプーちゃんは、どんなことでも価値剝奪と感じる。

彼は小さい頃、劣等感の深刻な親に、常に軽蔑されていたからである。親の方は子どもを蔑視することで、傷ついた心を癒していた。

親にとっては、子どもの価値剝奪が心の安らぎであった。

そんな親に育てられれば、どうなるか。大人になれば、自分のすることは全てが価値剝奪される意味になる。

プーちゃんの視点はただ一つである。私のすることには価値がない。マインドレスネスの典型である。

この視点を変えることで、この人は救いの道に入れる可能性が高い。

プーちゃんは単なるアドバイスや注意を、自分への軽蔑と受け取る。話を聞くときの視点が相手にないから。

もちろんこの感じ方も昔は正しかった。昔はアドバイスや注意の中に隠されたメッセージとして常に軽蔑が入っていたのかもしれない。

しかし大人になって、周囲の世界は変わっている。それなのに昔と同じように「私は軽蔑された」と感じて、そう思い込む。

多くの人は幼い日の感じ方に一生支配される。

その結果、努力が報われない。

被責妄想ではない人にとっては当たり前のことであるが、送られたメッセージは、受け取られたメッセージと必ずしも同じではない。

The message that is sent is not necessary the same as received.

「酷いことをいう」と思っているときでも、ふとこのことを考えることである。

相手の発言に対する自分の今の解釈は正しいのかどうか考えることである。

もしかすると自分が考えていることと違った意味で相手はいっているのかもしれない。

こう考えるのがマインドフルネスな人である。

親から拒否されて育った人の生きづらさ

ある母親が統合失調症を患《わずら》っている。彼女は子どもが嫌いなのであるが、それを認めたくない。また、子どもに嫌われたくない、好かれたいと思っている。

そのような心理によって、矛盾した言動をとるようになる。

彼女は、自分が人を嫌いだから、嫌われる恐ろしさを知っている。彼女のことを嫌う人は、彼女に対して酷いことをするのを知っている。そこで、自分の感情を隠すために、言葉で騙そうとする。子どもにやさしい言葉をかけるのである。

統合失調症の親の説明として、よく次のような説明がある。

親は自分の拒否を子どもが受容と受け取るように命じる。自分の敵意を子どもが察知して退くと、子どもの退嬰《たいえい》を責める。子どもが母の欺瞞《ぎまん》の愛に応じると、不安になって子どもを罰する。子どもに分離とつながりの両方を強制する。

一方、子どものほうは、プーちゃんほど酷くなくても、心に問題のある親に育てられれば、感情的記憶を心の底に蓄積させて、それに大人になってからも苦しめられる。

子どもの頃からの感情的記憶から、単なる注意を拒否と受け取る。養育者が何かを注意するときには、その言葉の裏に拒否があった。小さい頃は、注意の言葉に敵意があった。

養育者から拒否されて成長した人は、大人になってからも、日常生活で少しでも他人から注意を受けると、それを拒否と受け取る。しかし大人になってからの現実は、小さい頃とは違う。周囲の人がその人になにかを注意したときには、それはあくまでも注意である。

しかしこのような人は、拒否されていると勘違いをして深く傷つき、怒り、落ち込む。単なる注意に過ぎないのに、自分という存在が拒否されたと受け取るからである。

相手の言動をどう受け取るかについては、我々は過去に支配されている。

自分の感情的記憶を形成した過去と現在では、状況が変わったことに気がつくのがマインドフルネスな人である。

小さい頃に拒否される雰囲気の中で成長した人とそうでない人では、相手の言葉の受け取り方が違う。

うつ病になるような人は、他人が気にもしないような自分の弱点を、早急に克服すべき重大なものだと考えている。確かに小さい頃に、その人は何か弱点があると、親からひどく責められた。

大人になっても過剰に自分の弱点を意識する原因は、小さい頃に弱点を過剰に責められているからである。

燃え尽き症候群になるような人は、弱点を隠すのが上手いとフロイデン・バーガーはいう。彼らも弱点を責められて成長したのであろう。

いつも弱点ばかりを責められるとわかれば、誰だって自分の弱点を隠す。そして自分を弱点のない人に見せようと無理するだろう。

逆にいえば、無理して生きている人は、たいてい自分の弱点を隠そうとしている。なぜなら、人に責められたくないからである。そういう人は、弱点があっても皆は自分を受け入れてくれると思えない。そう感じることができない。

自分に弱点があろうがなかろうが、相手にとって、自分はかけがえのない存在であると思えない。そう思えないような環境の中で長いこと成長した。

だから、常に他人が自分をどう見ているかが気になる。他人は常に自分と敵対すると感じてもおかしくはない。

気楽な人は、そういう雰囲気の中で成長していない。無理して生きている人とは、視点が正反対である。

拒否されて成長した人は、世界を見る視点を変えれば、世界は変わる。それがマインドフルネス治療である。

しかし、実際に実行するのは口でいうほど簡単なことではない。

心身医学は役に立つか

ダニエル・ゴールマンは医学博士で、「心身医学とは何か」という論文を発表している。その中で、精神神経免疫学（ＰＮＩ）の発達について述べている。

ＰＮＩに対する関心が急激に高まったために、心やさまざまな感情が健康に影響を及ぼす生理学的メカニズム全般について、これまでとは違った研究が開始された。そのメカニズムのいくつかは何十年も前から知られていたものだ。ホルモンや、脳の細胞が細胞同士、または身体の他の部分とコミュニケートするのに用いる神経伝達物質について、さらに多くのことが明らかになるにつれて、ストレス反応に対する理解も深まりつつある。

ストレス、あるいは精神的な苦しみを味わったときに起こる生理学的変化が、どのようにして、たとえば、心臓病のリスクを高める、糖尿病のコントロールをむずかしくする、あるいは、一部の女性を妊娠しにくくするといった結果を引き起こすのか、より正確に解明されつつある。[62]

ゴールマンのいう通り、精神的な苦しみが、どのような生理学的変化を起こすかについては、これから研究する余地があるだろうが、精神的な苦しみが、生理学的変化を起こすことは間違いないだろう。問題はその変化が容易に理解できる変化ではないということである。たとえば慢性疲労症候群のように、本人も説明できない不快感がある。本人も「生きるのが苦しい」という抽象的な説明しかできない。

心身医学は、瞑想やリラクセーション訓練から支援グループまで、心の助けを借りて、気持ちの安定や病気の回復を図るように作られた、さまざまな治療法やテクニックを含んでいる。それらについての研究は数を増しているけれども、それにもかかわらず、おそらく、こうした治療やテクニックを利用しているのは、それで利益を受けるはずの患者のほんの一部にすぎないだろう。心身医学に対する多くの疑問が未解決のままで残されているけれども、私たちは通常の医療の中で、心身医学的な治療法が今よりはるかに広く利用されるようになる可能性があるし、また、そうなるべきだと信じている。

心身医学的な治療法は、慢性病患者の生活の質を向上させ、痛みや苦しみを和らげる大きな潜在的力があることをすでに示している。もとの病気の経過をコントロール、あるいは改善する。ストレスの影響を緩和することによって、病気の進行を妨げる。[63]

さまざまな効果が期待できるが、いずれにしろ心の状態が、体に影響するのである。

患者の視点が変わって、心が変われば、体の調子も変わるかもしれない。

PNIはマインドフルネスの効果を高める

慢性的疲労感に苦しんでいる人たちも、マインドフルネスな人になれば少しは気持ちが変わるかもしれない。

原因のつかめない慢性的疲労感についても、自分には今、何か理解できないストレスに苦しめられているのだという風に視点を変えてみれば、何が何だかわからない苦しみからは逃れられるかもしれない。そして、長年にわたって苦しんできた慢性疲労症候群の原因がなんとなく感じられるかもしれない。

薬を飲めば、生きるエネルギーが出るというような簡単なことではない。そういうことも何となく理解できるようになる。

心の根に、自分や世界を見る視点があることが何となく感じられる。その点に目を向けることさえできれば、心身の不調も理解でき始めるかもしれない。

心身の生理学に関する現代の研究は、一九四〇年代に始まった。当時、パイオニア的研究者であるハンス・セリエは、心理的ストレスが体に与える影響を調べていた。その研究方法は最近の生理学的研究の先駆けとなるもので、複雑なＰＮＩの研究から、怒りのような激しい感情が、心臓発作のリスクを増大させる生理学的変化を引き起こすメカニズムの研究まで含んでいた。

生理学者にとって重大な問題は、心理的要因によって発生する生物学的変化が、実際に健康に何らかの影響を及ぼすかどうか、というものだ。

たとえば、ストレスや抑鬱が免疫系の働きを低下させるとしても、それは、病気のリスクを高めるほど急激な低下なのだろうか？[64]

ゴールマンも述べているように、多くの研究がなされている。しかし、われわれにとって重要な問題は、「この私」が、「この説明のできない苦しさ」から、どうすれば抜けられるかということである。

マインドフルネスと精神神経免疫学（ＰＮＩ）とが、うまく協力できれば、もしかしたらマインドフルネスは、今よりもっと有用な「生きるための武器」になるかもしれない。

これらの研究は将来有望だが、今はまだ検証が済んでいない。他の全く関係のない研究者によって、同じ結果を繰り返し得ることが可能になるまで、実験段階とみなされなければならないということである。

しかも、研究対象となった患者に対する入念な追跡調査が行われなければ、支援グループのような介入がなぜ、どのように機能するかは明らかにならない。

たとえば、患者の支援グループが役に立つとしても、それは医者のいうことをもっとよく聞くように、支援グループが患者にすすめたからかもしれないし、グループによって生み出された気持ちの上での変化が、免疫力を高めるのに直接役立ったのかもしれない。あるいはその両方の理由があったかもしれないのだ。

社会的なサポートやリラクゼーションの訓練は、この分野で最も印象深い臨床研究のひとつに属していて、それらが食事や運動と結びつくと、問題はさらにまた複雑になる。[65]

今苦しんでいる人が、「ああ自分の問題はここにあるのかもしれない」と、感じられるようになることが第一である。

問題の正体は、心がふれあう人がいないことかもしれない、小さい頃からの記憶に凍結された恐怖感かもしれない、自分が成長した家の荒《すさ》んだ雰囲気かもしれない。自分では想像してもいなかった、心身の不調の真の原因にかすかな光明がさしてくるかもしれない。

否定的な暗示に支配されている

神経症者は、他人は自分に対する「攻撃者＝offender」だと見なす「無意識の意図＝unconscious interest」を持っている。[66]

たとえば、ある神経症者は、相手が何気なく、「あの山、綺麗ね」といっただけで不愉快になる。その理由は、侮辱されたと感じたからである。

なぜ侮辱されたと感じたか。答えは、相手は自分に対する「攻撃者＝offender」だと見なしたからである。

侮辱されたと感じた神経症者は、小さい頃から山が好きで山に登っていた。この人が子どもの頃から、親は神経症で、無意識に人を侮辱していた。

カレン・ホルナイは、「神経症者には相手を侮辱しようとする無意識の傾向がある」といっている。

親の、その無意識が子どもに影響を与えた。大人になってから、この子どもは、何をいわれても侮辱されたと感じるようになった。

つまり、この子どもは、神経症の親から無意識に侮辱され続けた結果、周囲の世界を敵だと感じるようになってしまった。

世界は自分を侮辱する敵と感じる人には、「あの山、綺麗ね」という何気ない言葉が、「あんなくだらないことをしていたの、愚かね」という意味に聞こえる。「あなたがのんきに山登りしていた時に、私はもっと立派なことをしていた」という意味でいったと受け取る。

子どもの頃、周囲の世界は常に自分に屈辱感を与えた。そうなれば常に周囲に対して身構えるようになる。ことに失敗した場合や結果が意に反した時には、ひどく侮辱されたと感じる。

神経症者である親は、無意識で子どもを侮辱していることに全く気がついていない。

子どもにとって失敗は、親から「責められる」という不快感と深く結びついている。大人になってからも、失敗の恐怖に苦しむのである。大人になっても感情習慣病で苦しむのは同じである。小さい頃からいつも侮辱されて生きてくれば、大人になっても侮辱されているという感覚から逃れることはできない。

対処不可能性は対処の認知を歪めてしまう。[67]

シーベリーも述べている。

自分自身にかけられている否定的な暗示に気がつくことから、治療は始まるのです。[68]

もう一度いう。視点が変われば、世界は変わる。

理屈は簡単でも、現実に実行するのは難しい。現実に自分が世界を見る視点を変えるのは難しい。萎縮《いしゅく》した気持ちは、そう簡単に消えるものではない。

いままで周囲の人に侮辱されてきた。しかし今は違う。状況は変わった。

実際は、自分は皆から愛されているということもある。ところがその変わった現実に気がつくことがなかなかできない。

人はそう簡単にマインドフルネスな人になれない。

自分と他人を比較ばかりしている人の心の闇

子どもの頃から、周囲の人に侮辱されて成長してきた人は、強迫的に自分と他人を比較する。それは強迫的に比較されて侮辱されてきたからである。

自分と他人を「強迫的に比較する」のは、他人に優越したいという劣等感と、人が恵まれているのが許せないという憎しみからである。

もちろん、強迫的に比較している人は、自分の劣等感と憎しみに気がついていない。

強迫的に自分と他人を比較する人は、「これができないからお前は駄目だ」といわれて成長してきた。「これができないから自分は世界から拒否される」と思い込んで成長してきた。

大人といわれるようになるまでの長い間、幻想の中で生きていれば、幻想が現実になってしまう。

「これができないから私は駄目だ」という比較は、競争社会だからこそ行われる。

そのような状況からの脱却は、自分を侮辱していた人がいかに卑《いや》しい人であるかに気づくことから始まる。その人が何かいった時に、その人のその言葉を、その人の卑しい心から発せられたものとして理解する。

「そんな人のいった卑怯な言葉」に自分が傷ついていたとわかる。相手のいうことを理解する視点が変わったのである。

相手の言葉をその通り理解するのではなく、どのような人が、どのような状況の中で、どのような目的でいったのかを考えられるようにする。

すると、傷ついた心を癒すために、弱い人を見つけて、その弱い人を傷つけるために吐いた言葉であったことがわかる。その言葉と、それが言われた状況に気がつけば、言葉の影響は違ってくる。

このように、世界を見る視点が変われば、新しい世界は開ける。

原則は簡単であるが、実際に視点を変えるということは、ものすごい難事業である。

劣等感に苦しむ不幸な人は、それが自分を苦しめるのだとわかっていても、古い視点にしがみつく。そして古い視点から無茶な優越感を求める。

「すべてにおいてすべての人に優越したい」という気持ちは、「基本的不安」で自己憎悪である。

「すべてにおいてすべての人に優越しなければ許されない」過去がある。なかなか過去は変えられない。

したがって、その人は、「劣等であることを苛《さいな》まれた過去」の社会的枠組に気づくことを第一にすべきである。自分はどういう社会的枠組の中で生きてきたのか、それを知ることとなくしては何も始まらない。

だが、エリートコースを走っている人のように、他人に優越することが成功に直結する環境にある人は、なかなか自分の視点に気づくことは難しい。

そして高齢者になってうつ病になったり、不眠症になったり、燃え尽きたり、「もうどうにもできない」と呻《うめ》いたりする。

朝起きたら、自分を責める声が聞こえてくる。こうした、自分という存在を拒絶する世界に生まれてきた人もいる。そうなればとにかく「保護と安心」を求めて、「自分を守る」ことを考えるだろう。優越したいと強迫的に願うだろう。

愛されていないから、愛されたいという願望は異常に強い。劣等感が異常に強い。

つまり人と自分を強迫的に比較する人は、子どもの頃に愛されていない。

そういう人は対象無差別に愛されたい。そういう思いの果てに、対象無差別に他人と自分を比較する。

自分という存在が拒絶されている世界で成長した人は、人に優越することが、自分の人生の課題の「包括的神経症的解決 a comprehensive neurotic solution」につながると思い込む。

すべての人に優越していなければ、許されなかった過去がある。現実の自分に周囲の人から失望された過去がある。

周囲の人の失望の裏には、その人に対する敵意が隠されていた。つまり子どもの頃から、人から憎まれ、侮辱されながら生きてきた。

そういう人は、「私たち」という、他人と共に生きていこうとする感情の代わりに、優越を求めるのが当然である。その気持ちが基本的不安感となって、その人を悪い方向に駆り立てるのである。

基本的不安感は、自分の自発的な感情から他人とつながることを妨げる。

基本的不安感は、自分の中の問題ばかりではなく、他人にどう接するかということにも影響してくる。

心理的に健康な人は、健康な人間関係を築けるが、心理的に不健康な人は、人間関係も不健康になる。自分が心理的に不健康なら、自分の周りには心理的に病んだ人が集まる。そういう傾向がある。

否定的な暗示から逃れる

自らの喜びの体験より、他人からの是認の方をいつも選んできた人は、ついには喜びの体験そのものができなくなると、マズローはいっているが、その通りであろう。

ロロメイも同じように、外側からの要求ばかりに従っている人は、幸福を得る力をも捨ててしまうといっている。

したがって、従順であることによって「よい子」といわれ、「よい子」であることが幸福と成功の条件であると教えることは、とても危険である。

心理的に問題を抱える親に従順であることによって「よい子」であることは、自分を殺すことである。心理的に病んでいる親は、子どもに従順を強いる。従順を強いることは、子どもの人生を破壊することにもつながる。

自分自身にかけられている否定的な暗示に気がつくことから、治療は始まる。[69]

このシーベリーの言葉を言い換えれば、自分自身にかけられている否定的な暗示に気づくことから、人生は始まる。つまり今までの視点を変えることから人生は始まる。

従順な子は、自分に気がついていない。親にも気がついていない。

子どもの頃、親から与えられた「自分をとりまく世界を見る視点」を無意識に信じ込んでいる。

その視点を変えることから、人生は始まる。

親の、「こんなこともできないのか」という、敵意のある失望に苦しんだことに気がつくのは、多くの場合その人自身が高齢になり、定年にでもなって競争社会から離れた時である。しかしそれでは遅すぎることが多い。

自己否定的な認知拘束から解放されることが、自分自身として生きるようになることである。周囲の世界を見る視点を変えることが、自分自身の人生を始めることである。

「この人に従っていれば間違いない」と思って尊敬していた人が、卑怯な人で、ずるくて嘘つきであることに気づくことである。自分を侮辱していた人、自分に破壊的メッセージを与え続けていた人が、そうすることで実は、その人自身を維持していたと気づくこと、それが視点が変わるということである。

心理学者のセリグマンの言葉を使えば、否定的な認知セットである。[70]

否定的な認知セットから解放されることが、マインドレスネスな人からマインドフルネスな人になることである。

人は、幸せになりたいと思って努力をするのに、なぜ不幸になるのか。それは、努力の仕方や方向が間違っているからである。

どう努力すれば幸せになれるのかを教えるのが、学問である。

学問は人の違いを教えてくれる。天国に生まれた人と、地獄に生まれて、それ以後もさらに過酷な地獄に押し込められている人がいる。その両者の違いを教える。

それがわかれば自分を人と比較しなくなる。バカバカしくて比較などしていられない。

視点が変わることで、自分が固有の存在であることに気づく。その時に世界は広がる。

実は自分で自分を責めている

隠し事があって、自分がそれを気にしていると、他人のふとした言動で、それを咎《とが》められたように感じる。実は、咎めているのは自分自身なのである。

他人の気持ちを憶測《おくそく》し過ぎる人は、たいてい外化の心理過程を経験している。自分が自分を責めているのに、他人から責められていると思う。自分が自分に怒っているのに、人が自分を怒っていると思う。外化とはこういうことである。

自責の念を外化した人は、相手から感謝されている時でさえ、相手から責められていると思い込む。[71]

カレン・ホルナイは、自己憎悪の結果、生じる自責について、次のようにいう。

自分が何をするにしても、誰もが、あの人は下心があってやっているのだろうと思うに違いない、と思ってしまう。[72]

人が自分のすることを見て、「あんな親切そうなことをして、実は近づこうとしているだけだよ」というように、自分を非難していると思ってしまう。

つまり自責の念を外化すると、誰も自分を信用していないと感じるようになってしまうということである。罪の意識があると、人が自分を信用していないと感じる。

自分で自分を責めていると、人が責めていなくても人に責められていると思ってしまう。

人が何気なくいった言葉をとらえて、人が自分を責めていると思ってしまう。

そして責められるようなことは何もしていないと腹を立てる。

暗澹《あんたん》たる一人芝居をしているようなものである。

ある大学教授が神経症で辞職した。マインドレスネスな教授であった。

たとえば体調不良の日に、休講の連絡を大学にする。それが本当でも、「きっと皆は自分が怠《なま》けて休講したと思うだろう」と憶測する。

勝手に憶測をして、「体調不良で苦しんでいるのに、なんて酷い人たちだ」と一人で惨めになる。

あるいは自分が自分を蔑視していると、自分のしたことに相手は感謝をしていないのではないかと不安になる。

そこで、「おれがこんなにしているのに、あの態度は何だ」と相手に不満になる。

相手は、実際には彼に感謝をしている。しかし、していないと感じてしまう。

神経症者がコンスタントに感謝とか賞賛を必要とすることには、そのような理由がある。

自分が自分をバカにしていることを外化すると、相手が自分をバカにしていなくても、バカにされていると感じてしまう。

自分の中で起きていることを、自分の外で起きていることに感じる。外がどのように変わっても、心の中が同じである以上、その人は不幸である。自己蔑視を外化すると、相手の感謝の気持ちを感じ取れない。

否定的な認知セットから解放されなければ、つまり視点を変えられなければ、幸せにはなれない。

エレン・ランガー教授のマインドフルネスとマインドレスネスの理論は、こうした解決を求める一つであろう。

マインドフルネスは、こうした心身医学の重要な一部ととらえて、「いかに生きるか」を考えるための学問である。

これからの時代、おそらく純粋に医学的な領域では解決できない心身の不調問題は増えてくるだろう。

ますます心と体を別に考える二元論ではやっていけなくなり、心身医学を必要とする時代になるに違いない。

時代はますますマインドフルネスを必要とするに違いない。

あとがき

この本では、「絶望感は乗り越えられるか」という永遠のテーマに取り組んだ。

難しいテーマであるが、長く読み継がれることを願って書いた。

絶望感を乗り越えられるか、乗り越えられないかは、人生で、最重要なテーマである。

「ありのままの自分」を受け入れてくれない人間環境の中で育った人は、何か生きづらい。

何かモヤモヤしたまま生きづらい原因を明らかにしないで、頑張って生きている。

どういう生き方が幸せにむすびつくか？

どういう生き方が不幸せにむすびつくか？


そういうことに、自分に正直になれば気がつくはずなのだ。

だからこの本では、「多方面からものを見てみよう」ということを書いた。

今あなたが思っているよりも、もっとたくさん生きる道はある。

「これしか生きる道はない」と思うから苦しいのである。

「こちらの道もあった」と気がつけば幸せになる。

視点が増えれば新しい道が見えてくる。


「辛い！　苦しい！」といっている人は、生きる道は一つしかないと思っている。

工事中の道に出合うと、向こうには行けないと思ってしまう人である。

新しい道を捜《さが》せば活力は生まれる。

幸せは大股《おおまた》でこないが、困難に立ち向かっていけば幸せになれる。


「生きる道は一つしかないと思ってしまう」原因は、今生きている道が自分で選んだものではないからである。

生き方を自分で選んでいないからである。

自分で生きていない。

人からこうして欲しいといわれてそのように生きている。

人にこう思ってもらいたいという視点で生きている。

だから苦しい。

悩みは「生き物」だと思った方がいい。
憂うつや無気力や不機嫌やイライラは、大事に抱えているとどんどん成長する。
悩みを大事に抱えている人は、いつも困難から逃げている。
自分では対処できないと思い、現実から逃げている。
いつか時間が解決してくれるだろう。
だれかが助けてくれるだろう。
きっとなんとかなるに違いないと、他力本願でその場をやり過ごす。
そうこうするうちに悩みだけがどんどん大きく成長していく。
気がついた時は、どこから手をつけていいのかわからなくなっている。
そして、どうにもならなくなった時、絶望感を味わう。
人を恨み、自分の人生を嘆く。

悩みは、生きているから、放っておくとどんどん大きくなっていく。
あまり大きくならないうちに、視点を増やして自分でしっかりと処理する。
ものを見る視点が変わってくれば周囲のものはみな違って見える。

今悩み苦しんでいる人は、何十年同じ視点で人生や世界を見ているのであろうか？　その人を取り囲む環境は変わっているのに。

半世紀にわたっての長い友人であるエレン・ランガー教授が提唱した、マインドフルネスというテーマを、「とらわれた心からの解放＝マインドフルネスな生き方」ととらえて考えてきた。

これから、ますます生きづらい時代になるに違いない。

そんな困難な時代に生きる人々が、この本を読んで、絶望しても立ち上がれるマインドフルネスな人になることを期待している。

本書の発刊に当たり、ＰＨＰ研究所の大久保龍也さん、山口毅さんにお世話になった。

長い期間にわたっての誠意ある努力に感謝をしたい。

注

1　Karen Horney, The Neurotic Personality of Our Time, W. W. Norton & Company, Inc., 1964, p.187

2　『時代精神の病理学』フランクル著作集3、宮本忠雄訳、みすず書房、1961年5月15日、206頁

3　David Seabury, How to Worry Successfully, Blue Ribbon Books: New York, 1936, 加藤諦三訳『心の悩みがとれる』三笠書房、1983年2月10日

4　Daniel Goleman, Emotional Intelligence, Bantam Books, 1995, p.48

5　Ellen J. Langer, Mindfulness, Da Capo Press, 1989, 加藤諦三訳『心の「とらわれ」にサヨナラする心理学』PHP研究所、2009年10月2日、112頁

6　Lawrence A.Pervin, Personality John Wiley & Sons, Inc., 1970

7　ibid, p.197

8　Abraham H. Maslow, Toward A Psychology Of Being, 上田吉一訳『完全なる人間』誠信書房、1964年6月10日、80頁

9　Hubertus Tellenbach, MELANCHOLIE, Springer-Verlag. 1961, 木村敏訳『メランコリー』みすず書房、1978、123頁

10 前掲書、１２３頁

11 前掲書、２９４頁

12 George Weinberg, The Pliant Animal, 1981, Martin's Press Inc., New York, 加藤諦三訳『プライアント・アニマル』三笠書房、１９８１年11月10日、１２１頁

13 前掲書、１２１頁

14 Ellen J. Langer, Mindfulness, Da Capo Press, 1989, 加藤諦三訳『心の「とらわれ」にサヨナラする心理学』ＰＨＰ研究所、２００９年10月2日、１０６頁―１０７頁

15 前掲書、97頁

16 Stephen R. Covey, The 7 Habits of Highly Effective People, A Fireside Book,1989, p.31

17 Ellen J. Langer, Mindfulness, Da Capo Press, 1989, 加藤諦三訳『心の「とらわれ」にサヨナラする心理学』ＰＨＰ研究所、２００９年10月2日、81頁―82頁

18 前掲書、82頁

19 Wladyslaw Tatarkiewicz, Analysis of Happiness, 加藤諦三訳『こう考えると生きることが嬉しくなる』三笠書房、１９９１年8月15日、24頁

20 前掲書、25頁

21 He was so caring towards everybody. He was special.

22 Kathleen Stassen Berger, The Developing Person Through the Life Span. Worth Publishers, Inc., 1988, p.385

23　Rollo May, The Meaning of Anxiety, W. W. Norton & Company, Inc., 1977,　小野泰博訳『不安の人間学』誠信書房、１９６３年7月25日、１２７頁
24　前掲書、１２８頁
25　前掲書、１１９頁
26　Mind/Body Medicine,/edited by Daniel Goleman, Ph.D., and Joel Gurin. Consumer Union, 1993
27　Nicholas A. Cumming, Ph.D., Somatization: When Physical Symptoms Have No Medical Cause, Mind/Body Medicine,/edited by Daniel Goleman, Ph.D., and Joel Gurin. Consumer Union, 1993, p.5
28　Ellen J. Langer, Mindfulness, Da Capo Press, 1989,　加藤諦三訳『心の「とらわれ」にサヨナラする心理学』ＰＨＰ研究所、２００９年10月2日、２５３頁―２５４頁
29　Daniel Goleman, Emotional Intelligence, Bantam Books, 1995, p.48
30　Alfred Adler: As We Remember Him,　柿内邦博他訳『アドラーの思い出』創元社、２００7年6月20日、20頁
31　Phyllis Bottome, Alfred Adler A Biography, G. P. Putnam's Sons. New York. 1936. p.150
32　I can get on beautifully without that right arm. I have a better job than before I lost it.
33　I am helpless without my right arm. I cannot work; marriage is out of question for me; I am a log of wood-not a man!

34 Ellen J. Langer, Mindfulness, Da Capo Press, 1989, 加藤諦三訳『心の「とらわれ」にサヨナラする心理学』ＰＨＰ研究所、２００９年10月２日

35 ヒルティ『幸福論「三」』斎藤栄治訳、白水社、１９８０年４月25日、１２２頁

36 Wladyslaw Tatarkiewicz, Analysis of Happiness, 加藤諦三訳『こう考えると生きることが嬉しくなる』三笠書房、１９９１年８月15日、１１２頁

37 Cialdini, R.B. Influence:Science and Practice. 4th ed. Allyn & Bacon, 社会行動研究会訳『影響力の武器』誠信書房、２００７年８月31日、１８９頁

38 Dov Shmotkin,Tel Aviv University, Happiness in the Face of Adversity: Reformulating the Dynamic and Modular Bases of Subjective Well-Being,Review of General Psychology Copyright 2005 by the Educational Publishing Foundation, 2005

39 Martin Seligman, Helplessness, W.H. Freeman and Company, 1975, 平井久、木村駿監訳『うつ病の行動学』誠信書房、１９８５年

40 Ellen J. Langer, Mindfulness, Da Capo Press, 1989, 加藤諦三訳『心の「とらわれ」にサヨナラする心理学』ＰＨＰ研究所、２００９年10月２日、２５３頁

41 Karen Horney, The Neurotic Personality of Our Time, W.W.Norton & Company, 1964, p.191

42 Daniel Goleman and Joel Gurin, What is Mind/Body Medicine?, Mind/Body Medicine,Consumer Reports Books,1993, p.3

43 Nicholas A. Cumming, Ph.D., Somatization: When Physical Symptoms Have No Medical

Cause, Mind/Body Medicine,/edited by Caniel Goleman, Ph.D., and Joel Gurin. Consumer Union, 1993, p.3

44 Hebert N. Casson, Thirteen Tips on Luck, B.C. Forbes Publishing Co., N.Y., 1929

45 David Seabury, How to Worry Successfully, Blue Ribbon Books: New York, 1936, 加藤諦三訳『心の悩みがとれる』三笠書房、１９８３年2月10日、２１３頁

46 前掲書、２１７頁

47 前掲書、２００頁

48 Ellen J. Langer, Mindfulness, Da Capo Press, 1989, 加藤諦三訳『心の「とらわれ」にサヨナラする心理学』ＰＨＰ研究所、２００９年10月２日

49 final lecture. Karen Horney

50 Rollo May, The Meaning of Anxiety, W. W. Norton & Company, Inc., 1977, 小野泰博訳『不安の人間学』誠信書房、１９６３年7月25日、41頁

51 David Seabury, How to Worry Successfully, Blue Ribbon Books: New York, 1936, 加藤諦三訳『心の悩みがとれる』三笠書房、１９８３年2月10日、１５０頁

52 Ellen J. Langer, Mindfulness, Da Capo Press, 1989, 加藤諦三訳『心の「とらわれ」にサヨナラする心理学』ＰＨＰ研究所、２００９年10月２日

53 高木貞敬『脳を育てる』岩波書店、１９９６年、47頁

54 Daniel Goleman, Emotional Intelligence, Bantam Books, 1995, 土屋京子訳『ＥＱ』講談社、

１９９６年7月24日、94頁
55 George Weinberg, The Pliant Animal, 1981, Martin's Press, Inc., New York, 加藤諦三訳『プライアント・アニマル』三笠書房、１９８１年11月10日、94頁—95頁
56 前掲書、94頁
57 大木幸介『ヒトの心は脳のここにある』河出書房新社、１９９６年、65頁
58 Rollo May, The Meaning of Anxiety, W. W. Norton & Company, Inc., 1977, 小野泰博訳『不安の人間学』誠信書房、１９６３年7月25日、65頁—66頁
59 前掲書、67頁
60 前掲書、68頁
61 前掲書、66頁
62 Mind/Body Medicine,/edited by Daniel Goleman, Ph.D., and Joel Gurin. Consumer Union, 1993, p.7-p.8
63 ibid, p.17
64 ibid, p.8
65 ibid, p.9
66 Karen Horney, Neurosis and Human Growth, W. W. Norton & Company, Inc., 1950, p.136
67 Martin Seligman, Helplessness, W. H. Freeman and Company, 1975, 平井久、木村駿監訳『うつ病の行動学』誠信書房、１９８５年、35頁

68 David Seabury, Stop Being Afraid, Science of Mind Publications, Los Angeles,1965, 加藤諦三訳『問題は解決できる』三笠書房、１９８４年3月20日、１５７頁

69 前掲書、１５７頁

70 Martin Seligman, Helplessness, W. H. Freeman and Company, 1975

71 The most general disturbance on this score is hyper sensitivity to criticism,Karen Horney, Neurosis and Human Growth, W. W. Norton & Company, Inc., 1950, p.81

72 If he externalized the self-accusations he may feel that everybody is imputing ulterior motives to everything he does. ibid, p. 129

PHP新書

PHP INTERFACE
https://www.php.co.jp/

加藤諦三［かとう・たいぞう］

1938年、東京生まれ。東京大学教養学部教養学科を経て、同大学院社会学研究科修士課程を修了。1973年以来、度々、ハーヴァード大学研究員を務める。現在、早稲田大学名誉教授、ハーヴァード大学ライシャワー研究所客員研究員、日本精神衛生学会顧問。ニッポン放送系列ラジオ番組「テレフォン人生相談」は半世紀ものあいだレギュラーパーソナリティを務める。著書に、『メンヘラの精神構造』『心の免疫力』『不安をしずめる心理学』（以上、PHP新書）、『テレフォン人生相談』（扶桑社）など多数、訳書はアジアを中心に約100冊ある。

絶望から抜け出す心理学

心をひらくマインドフルネスな生き方

（PHP新書 1333）

二〇二二年十二月二十八日 第一版第一刷

著者――加藤諦三
発行者――永田貴之
発行所――株式会社ＰＨＰ研究所
東京本部――〒135-8137 江東区豊洲5-6-52
ビジネス・教養出版部 ☎03-3520-9615（編集）
普及部 ☎03-3520-9630（販売）
京都本部――〒601-8411 京都市南区西九条北ノ内町11
組版――株式会社ＰＨＰエディターズ・グループ
装幀者――芦澤泰偉＋児崎雅淑
印刷所――大日本印刷株式会社
製本所――東京美術紙工協業組合

ISBN978-4-569-85380-2

ＰＨＰ新書刊行にあたって

「繁栄を通じて平和と幸福を」(PEACE and HAPPINESS through PROSPERITY)の願いのもと、ＰＨＰ研究所が創設されて今年で五十周年を迎えます。その歩みは、日本人が先の戦争を乗り越え、並々ならぬ努力を続けて、今日の繁栄を築き上げてきた軌跡に重なります。

しかし、平和で豊かな生活を手にした現在、多くの日本人は、自分が何のために生きているのか、どのように生きていきたいのかを、見失いつつあるように思われます。そして、その間にも、日本国内や世界のみならず地球規模での大きな変化が日々生起し、解決すべき問題となって私たちのもとに押し寄せてきます。

このような時代に人生の確かな価値を見出し、生きる喜びに満ちあふれた社会を実現するために、いま何が求められているのでしょうか。それは、先達が培ってきた知恵を紡ぎ直すこと、その上で自分たち一人一人がおかれた現実と進むべき未来について丹念に考えていくこと以外にはありません。

その営みは、単なる知識に終わらない深い思索へ、そしてよく生きるための哲学への旅でもあります。弊所が創設五十周年を迎えましたのを機に、ＰＨＰ新書を創刊し、この新たな旅を読者と共に歩んでいきたいと思っています。多くの読者の共感と支援を心よりお願いいたします。

一九九六年十月

ＰＨＰ研究所